Mario Pascarelli Filho

A Nova Administração Pública:

Profissionalização, Eficiência e Governança

www.dvseditora.com.br
São Paulo, 2011

A Nova Administração Pública:
Profissionalização, Eficiência e Governança

Copyright© DVS Editora 2011
Todos os direitos para a língua portuguesa reservados pela editora.

Nenhuma parte dessa publicação poderá ser reproduzida, guardada pelo sistema "retrieval" ou transmitida de qualquer modo ou por qualquer outro meio, seja este eletrônico, mecânico, de fotocópia, de gravação, ou outros, sem prévia autorização, por escrito, da editora.

Produção Gráfica, Diagramação: Spazio Publicidade e Propaganda

Dados Internacionais de Catalogação na Publicação (CIP)
(Câmara Brasileira do Livro, SP, Brasil)

Pascarelli Filho, Mario
 A nova administração pública : profissionalização, eficiência e governança / Mario Pascarelli Filho. -- São Paulo : DVS Editora, 2011.

 Bibliografia.
 ISBN 978-85-88329-60-7

 1. Administração pública 2. Administração pública - Brasil 3. Municípios - Governo e administração 4. Políticas públicas I. Título.

11-05083   CDD-352.14

Índices para catálogo sistemático:

1. Administração pública municipal   352.14
2. Municípios : Administração pública   352.14

DEDICATÓRIA

Aos meus filhos Carlo e Fabiano, pela oportunidade de ser Pai deles, e como a melhor herança que posso lhes deixar.

Aos meus pais, Alzira e Mario, que muito me ensinaram para chegar até aqui, mas que não puderam compartilhar deste lindo momento da minha vida.

À minha companheira Maria Lucia, por sua compreensão quanto às minhas ausências, e, principalmente pelo seu irrestrito incentivo.

Agradecimentos

A Deus, por ter me dado saúde, luz e perseverança para que eu pudesse até aqui chegar.

A toda equipe do curso de Gerente de Cidade da FAAP que, através de sua dedicação e competência, fez com que fosse alcançado o sucesso indiscutível do programa.

RESUMO: Este livro contém pontos reflexivos e propostas voltadas para a melhor profissionalização, criatividade e eficiência da Administração Pública Municipal, dado que o município é a célula central motivadora, para a qual os objetivos e assertividade das políticas públicas devem estar voltados. Com base na evolução da gestão do conhecimento, estão aqui contidas abordagens de eficiência, qualidade e continuidade na administração de políticas públicas voltadas para o atendimento do cidadão como um cliente do município, visando o exercício pleno dos seus direitos e deveres.

PALAVRAS-CHAVE: eficiência, produtividade, qualidade, profissionalização, governança, administração pública municipal.

Sumário

Introdução	11
I. Cenários e Histórico sobre Administração Pública	15
I.1 A Administração Pública no Mundo Contemporâneo	15
I.2 A Reforma da Administração Pública ao Redor do Mundo	18
I.3 A Administração Pública no Brasil	21
I.3.1 Raízes da Administração Pública no Brasil	21
I.3.2 A Administração Patrimonialista	24
I.3.3 A Administração Burocrática	25
I.3.4 A Administração Pública Gerencial	28
I.4 As Lacunas Existentes na Administração Pública Brasileira	31
I.4.1 – Dificuldades no Contexto Social e Político	31
I.4.2 - Dificuldades no Contexto Cultural e Institucional	31
I.4.3 – Dificuldades da Ação Coletiva	33
I.4.4 – Sociedade Civil: A Organização e a Desorganização	36
II. Quebras de Paradigmas na Administração Pública Brasileira	39
II.1 Breve Histórico das Reformas Administrativas no Brasil	40
II.2 A Eficiência na Administração Pública	43
II.2.1 Conceito de Eficiência	44
II.3 Fatores Socioeconômicos da Mudança e Cidadania: Direito à Qualidade	45
II.4 A Indispensável Profissionalização da Administração Pública	48
III. Por Melhor Qualidade dos Serviços Públicos	51
III.1 Os Atos Discricionários e a Qualidade dos Serviços Públicos	51
III.2 Como Obter a Qualidade nos Serviços Públicos	52
III.3 Transparência, Informação e Controle Social	58
III.4 Pensar o Desenvolvimento a Partir do Município	62

IV. Novas Dimensões na Administração Pública 65
IV.1 Novos Desafios 65
IV.2 Políticas Sociais e a Democratização do Poder Local 67
IV.3 Os Recursos Subutilizados 71
IV.4 A Intersetorialidade como Indutora da Eficiência
    na Administração Pública 73
    IV.4.1 A Interoperabilidade dos Bancos de Dados Existentes 77
    IV.4.2 A Base Informativa Local 78
    IV.4.3 A Organização de um Sistema
        Integrado de Apoio Financeiro 79
    IV.4.4 A Promoção de Cooperativas e Frente de Serviços Urbanos 80
    IV.4.5 Gestão Pública Empreendedora 81

V. Políticas Públicas e Governança Pública 85
V.1 Orçamento como Fundamento de Políticas Públicas 85
V.2 A Rigidez do Orçamento 86
V.3 O Orçamento e a Qualidade da Gestão Pública 87
V.4 A Governança e a Questão do Design Constitucional 89

Considerações Finais 95

Bibliografia 99

Introdução

As organizações são constituídas como realidades sociais, incorporando novos atores independentemente da posição social que ocupam. A sua capacidade de intervir de maneira criativa e eficiente na realidade social não depende apenas das habilidades dos atores sociais nelas envolvidos em compreender situações diversas, mas também da sua competência de gerar e apropriar conhecimentos que possibilitem encaminhar soluções adequadas a essa realidade.

Além disso, as organizações privadas e públicas são sistêmicas, e entender essa realidade construída socialmente e propor mudanças na sua forma de agir é uma tarefa complexa, especialmente para as gestoras das políticas sociais.

As transformações que estão ocorrendo na administração pública representam um processo relativamente recente, pois é difícil desalojar os interesses privados que perpassam as estruturas organizacionais estatais para dar lugar aos interesses coletivos.

A administração pública, exercida por gestores elevados ao cargo através de eleições livres, embora esteja sujeita aos requisitos de eficiência que inspiram a gestão racional de qualquer empreendimento, é também objeto das questões de poder que identificam sua natureza política, característica que gera particularidades nem sempre fáceis de serem equacionadas.

O ato de definir prioridades, por exemplo, pode ser influenciado por fatores, não explicitamente revelados, muitas vezes vinculados a projetos pessoais voltados para uma carreira política que depende de reeleição e sucessão político-partidária. Com efeito, a visibilidade de certos empreendimentos geradores de um maior apelo e potencial de *marketing* eleitoral pode interferir no estabelecimento de ações prioritárias pessoais, em detrimento dos anseios dos cidadãos.

Os países chamados emergentes portam características que tornam a gestão pública ainda mais complexa, com desafios por vezes tidos como intransponíveis. É muito comum, por exemplo, que a demanda pelos serviços considerados essenciais esteja além das possibilidades de um gestor atendê-las em seu mandato, gerando sempre níveis de conflitos e a necessária negociação.

As sociedades de países chamados de emergentes, como o Brasil, se caracterizam pela convivência do tradicional com o moderno, gerando ambientação na qual a administração pública assume fortes nuances de patrimonialismo, clientelismo, corporativismo, nepotismo, quando não do ainda presente coronelismo.[1] Estas manifestações de uma cultura política considerada ultrapassada convivem em equilíbrio dinâmico com os símbolos, instrumentos, tecnologias, doutrinas de gestão e instituições da administração contemporânea das sociedades globalizadas.

Tais características conferem à administração pública brasileira um dinamismo e complexidade que a torna um campo merecedor de estudos das mais diferentes ordens, promovendo um melhor conhecimento nos planos descritivo, analítico e reflexivo.

A complexidade dos problemas sociais exige vários olhares, diversas abordagens, unindo saberes e práticas para o entendimento e a construção integrada de soluções que envolvam ao máximo a transversalidade, privilegiando os interesses coletivos, garantindo-se à população uma vida com maior qualidade.

Trabalhos referentes à gestão pública conferem uma contribuição concreta se favorecerem intervenções que envolvam a possibilidade de se detectar modelos, situações, experiências e linhas de ação que possam acrescentar qualitativamente a essa modalidade de gestão. Afinal, o Brasil possui 5.565[2] municípios, todos com gestores públicos, os prefeitos, eleitos regularmente a cada quatro anos. Certamente, além de seus compromissos concretos com os pressupostos básicos reconhecidos pelos que lhe conferiram o cargo eletivo, há que dominarem princípios básicos do processo de gestão, especialmente da gestão pública.

A necessidade de mudanças nessas organizações e na sua gestão, notadamente em nível municipal, em que as pessoas vivem e têm necessidade

---

1 Termo utilizado para caracterizar uma forma de gestão pública que se iniciou com a chegada de coronéis da Polícia Militar a cargos públicos, e, posteriormente, estendida a processos de gestão legitimadas pelo medo e pela força.

2 www.ibge.gov.br – acessada em 22/12/09

de utilizarem os serviços públicos, é uma tarefa que exige a busca de saberes para inovar e dar eficiência à sua gestão.

Mas, essas necessidades sempre trazem em seu bojo um grande dilema: por um lado, os reformadores anseiam por Estados contendo estrutura mais enxuta e mais eficiente, impulsionado por regras de mercado e administrado por profissionais de considerável experiência no setor privado; por outro lado, a administração pública não se caracteriza por uma estrutura claramente objetiva associada à simples função de produção, o que lhe confere particularidades gerencias diferenciadas.

Dessa forma, trabalhos acadêmicos que, de alguma forma, possam contribuir com mudanças qualitativas nas práticas da gestão públicas são sempre importantes.

Pretende-se com este trabalho refletir sobre alguns possíveis encaminhamentos (ações concretas) que poderiam repercutir em mudanças qualitativas em alguns aspectos da gestão pública municipal. Para isso, iremos resgatar ideias de alguns autores da área e apresentar um exemplo concreto de gestão municipal.

Pode-se dizer que o eixo condutor das reflexões e análises contidas neste trabalho está centrado em torno das dificuldades de se estabelecer processos administrativos que fugissem de um cenário geral do rompimento abrupto a cada troca de governo, em seus diferentes níveis, provocando um dispêndio de verbas em realizações que acabam não sendo concluídas, ou do desgastes de programas dinâmicos planejados em longos prazos.

A metodologia aqui empregada envolve um processo descritivo baseado em revisão bibliográfica, aliado às contribuições angariadas pela vivência profissional do autor, através da sua atuação nos últimos 14 anos, como coordenador e professor do Curso de Pós-Graduação *lato sensu* Gerente de Cidade da Fundação Armando Alvares Penteado – FAAP, cujo objetivo é a profissionalização da administração pública. A dinâmica própria dessa atividade requer leituras frequentes e participações em eventos acadêmicos e profissionais que envolvem diretamente a temática-alvo desse trabalho. Com efeito, repercutem diretamente sobre a formação do autor e esta sobre a construção do texto deste trabalho, através de uma pesquisa qualitativa, em que os resultados de trabalhos de vários autores foram profundamente consultados.

Cenários e Histórico sobre Administração Pública

1.1 – A Administração Pública no Mundo Contemporâneo

O principal objetivo do Estado, a ser realizado através do governo e da administração pública, é o de sistematicamente ampliar as oportunidades individuais no âmbito federal, estadual e municipal. Além disso, deve visar, também, estimular a incorporação de novas tecnologias e inovações no setor público que possam melhor atender às demandas da sociedade contemporânea.

Assim sendo, o Estado, através da administração pública, deve atender as demandas da sociedade com serviços públicos de qualidade e com alto nível de transparência, e, para tanto, nos seus três níveis, é mandatório que contenha o maior índice de profissionalização e, desta forma, atuar com criatividade, eficácia, eficiência e efetividade, resultando disso a melhor qualidade de vida possível para a sociedade como um todo.

Torna-se indispensável, tendo em vista o que foi anteriormente exposto, ter-se entendido de forma clara qual é o horizonte da gestão pública, ou seja, que ela transcende a questão de eficácia, eficiência e efetividade, pois se deve incluir a questão da legalidade e da legitimidade.

Conforme Matias-Pereira (2008), "a administração pública, num amplo sentido, deve ser entendida como todo o sistema de governo, todo o conjunto de ideias, atitudes, normas, processos, instituições e outras formas de conduta humana que determinam a forma de distribuir e de exercer a autoridade política e como devem ser atendidos os interesses públicos". Tudo isso é afetado por campos específicos do conhecimento como a Ciência Política, Administração, Economia, Contabilidade, Sociologia, Direito, entre outros.

Somos atingidos, no Brasil e no mundo, por duas grandes tendências transformadoras nos últimos 20 anos, que são a consolidação dos mecanismos de mercado, sob a ótica da economia, e um enorme esforço para a consolidação da democracia, sob a ótica política. Ou seja, a nova sociedade tem se estruturado com base nos movimentos do mercado e da democracia.

Certamente, este modelo é otimista em comparação com os céticos e com a visão maniqueísta de que a sociedade atual não pode se articular na busca de soluções, presa que é da luta de classes.

As políticas públicas, numa gestão contemporânea voltada para o mercado e para a consolidação da democracia, devem atingir três principais objetivos. O primeiro é a busca pela mitigação da pobreza e, se possível, eliminá-la. O segundo é o de conseguir um desempenho econômico voltado ao crescimento sustentável, pois soluções meramente redistributivas de renda ou assistencialistas resultarão em uma resposta fraca e efêmera para os problemas da pobreza. Por fim, esses objetivos devem ser alcançados num sistema político que consolide a prática da democracia e do Estado do Direito, sem o que não se estaria criando uma sociedade na qual valha a pena se viver.

Pode-se observar que no campo da economia houve, nas últimas décadas, uma crescente tendência de redução da intervenção do Estado e de predominância de liberdade para a iniciativa privada, através de privatizações e da desregulamentação das atividades econômicas

Na esfera política, o Estado constitucional contemporâneo tem elegido seus governantes de forma democrática (voto popular), que traz em seu bojo uma maior participação popular na vida política dos países, e vem aumentando significativamente a criação de organizações não governamentais, o que tem exigido cada vez mais transparências das ações governamentais.

Para Sen (2000), democracia é sinônimo de liberdade de escolhas, e que é odioso reservar as escolhas para poucos.

Nesta primeira década do século XXI os principais desafios com que grande parte dos administradores públicos, especialmente na América Latina, se defronta são: a inclusão dos até aqui excluídos pelos desmandos cometidos, reduzir as desigualdades, a instabilidade no crescimento econômico e os problemas socioambientais. Tais desafios não são pequenos e as discussões que dominaram a mídia e o Congresso Brasileiro mostram diferenças significativas de visão em relação aos caminhos da sociedade brasileira: o papel das instituições que regulam a economia (agências reguladoras, Conselho Monetário Nacional e Banco Central, para citar as mais discutidas), a falta de uma política industrial bem definida, a questão do direito e propriedade da terra, a preservação ambiental, os projetos educacionais, o destino da universidade e (a falta de) da pesquisa científica, a melhor forma de inserção do Brasil no comércio internacional globalizado, a forma de eliminação ou mitigação da pobreza, a estrutura e a abrangência da previdência e do sistema de saúde, as causas da violência urbana e as suas possíveis soluções, e daí por diante.

Diversas reformas institucionais aguardam há anos pela vontade política de encaminhá-las, de tal sorte que já não se consegue determinar qual seria a mais urgente, se a tributária, se a eleitoral, se a judiciária ou se a trabalhista. Destaque-se que há duas décadas falta um marco regulatório para investimentos em saneamento básico!

Mesmo incompleta, pode-se reconhecer que esta lista citada anteriormente baliza e sinaliza indisfarçável dificuldade na construção de convergências e no encaminhamento de soluções, mesmo porque falta um conhecimento holístico e profissionalizado para grande parte dos administradores públicos, principalmente para aqueles que ocupam cargos de confiança, diga-se, primeiro escalão da gestão pública.

Paradoxalmente, ao mesmo tempo em que persistem tais divergências internas, estão em curso profundas transformações na sociedade brasileira decorrentes do acelerado processo de mudanças oriundas do mundo globalizado, trazendo em seu cerne inúmeras quebras de paradigmas econômicos e culturais.

No que refere às mudanças no Brasil, defende Mattos (2002):

> "Diante desse quadro, a mudança na forma de atuação do Estado, como agente normativo e regulador da atividade econômica conforme previsto no art. 174 da Constituição Federal de 1988, é o principal elemento de transformação jurídico-institucional introduzido no Brasil. E o que caracteriza e define tal mudança é a criação de agências de regulação como órgãos responsáveis por setores da economia, principalmente por aqueles caracterizados como de infraestrutura e serviços públicos, com funções normativas e reguladoras orientadas especialmente pelos princípios constitucionais da livre concorrência e da defesa do consumidor".

A concretização do processo de redução das enormes desigualdades existentes no Brasil torna mandatória uma administração pública profissional e competente, independente de tendências ideológicas e político-partidárias. Assim, evidencia-se a necessidade do fortalecimento do papel dos gestores públicos, os quais devem procurar, de forma criativa, novos modelos e formas de organização adminsitrativa-institucional que possam resultar em ações eficazes, eficientes e efetivas de atuação do Estado na busca do atendimento aos anseios dos cidadãos.

Essa mudança de cultura organizacional na esfera das organizações públicas deve ser analisada sob duas óticas distintas: a) nos países desenvolvidos, redundaram em resultados positivos, principalmente voltados para a ampla liberdade de escolha para boa parte da população; b) nos países emergentes e com instituições frágeis, os mesmos fatos tiveram consequências brutais sobre as pessoas pobres e suas perspectivas de vida, tais como a redução da liberdade de escolha, aumento da violência e o fortalecimento do crime organizado.

Conforme Costa (2007), "o Brasil é um dos países que não conseguem dar respostas adequadas e suficientes a esses desafios. Apesar do seu potencial, vem crescendo com taxas inferiores à média dos países emergentes há mais de vinte anos e estamos a grande distância das taxas de crescimento dos emergentes mais bem-sucedidos. Corremos o risco de nos distanciar dos países desenvolvidos e dos novos desenvolvidos como os tigres asiáticos, China e Índia".

Desta forma, se faz necessário conhecer como se desenvolveram as reformas na administração pública no mundo e no Brasil.

1.2 – A Reforma da Administração Pública ao Redor do Mundo

Provavelmente tão antigo quanto o mais remoto sistema de governo são os processos relacionados com as iniciativas voltadas para repensar, mudar e reformar a administração pública. Conforme as características estruturais das sociedades foram se tornando cada vez mais complexas, os sistemas de gestão necessariamente requeriam ajustes, reformas e transformações. Nas últimas décadas do século XX tem sido observada uma tendência de movimento global centrado na reforma da administração pública com alguns traços em comum. Um desses traços diz respeito a pensar essa administração a partir da revisão do papel do Estado na versão que tem sido conhecida como a "redução do tamanho do Estado".

Conforme Bresser Pereira & Spinki (2003), muito embora se tenha creditado a países como Nova Zelândia, Austrália e Reino Unido os méritos de a terem começado e ido mais longe, o movimento em prol da reforma é notadamente global: tanto em países desenvolvidos como nos emergentes a tendência de reduzir-se o tamanho do Estado e torná-lo mais eficiente tem crescido rapidamente.

Outro traço a ser destacado é a constatação de que a tradicional hierarquia e estrutura burocrática, com os seus procedimentos baseados em regras, cuja rigidez passou a ser vista como superada e inútil. A sociedade reclamava do mau funcionamento da burocracia estatal, de sua inflexibilidade, da superposição de programas e instituições, fatos estes que impossibilitavam a melhor coordenação dos organismos públicos, que pareciam mais interessados em promover seus próprios negócios do que em servir os cidadãos.

Na década de 1970, o clamor era o de substituir a autoridade e a rigidez pela flexibilidade, o respeito à estrutura pela melhoria do processo, como já acontecia nas mais modernas instituições privadas.

O enfoque gerencial da administração pública emergiu vigorosamente na Grã-Bretanha e nos Estados Unidos da América, após assumirem o poder governos conservadores como o de Margareth Thatcher (em 1979 na Grã-Bretanha) e o de Ronald Reagan (em 1980 nos Estados Unidos da América). Essa tendência e postura não podem, entretanto, ser encaradas como uma postura típica dos governos conservadores, uma vez que reformas semelhantes ocorreram na Nova Zelândia, na Austrália e na Suécia, sob governos marcantemente social-democratas.

Nos Estados Unidos da América, Osborne e Gaeble (1996) cunharam, em livro de grande sucesso, a expressão 'reinventar o governo', baseada em experiências geradas em municípios administrados por gerentes de cidade, sendo tais experiências calcadas fortemente no gerenciamento público empreendedor. Foi o presidente dos EUA Bill Clinton, em seu primeiro mandato (1993-1996), que transformou as ideias de Osborne e Gaebler em políticas públicas federais.

Na França, reformas voltadas para o gerenciamento público empreendedor foram iniciadas em 1989 durante o governo social-democrata do primeiro-ministro Michel Roccard.

Há um consenso quase unânime em torno da ideia de que os administradores públicos necessitam de maior flexibilidade para trabalhar. De acordo com Senge (2002), "as políticas e as práticas de governo criam sua própria realidade, o que levam os administradores públicos a adotarem posturas reativas, presas a procedimentos operacionais padrão e limitadas em visão. Para promover organizações adaptáveis e governos que funcionem melhor, dever-se-ia fazer com que o administrador público pudesse se concentrar nos problemas que têm de ser resolvidos e, então, dar-lhe flexibilidade para resolvê-los."

As autoridades públicas, ao redor do mundo, têm, contudo, escolhido abordagens bem diversas para dar início aos seus programas de flexibilidade.

Conforme Bresser Pereira (2003), a administração pública gerencial prega que "deixem o administrador público gerenciar e avaliem com atenção os resultados". Essa prática orientou as reformas estruturais nos Estados Unidos, na administração Clinton, tendo o governo americano alcançado qualidade nos serviços em nível maior do que empresas privadas reconhecidas pela boa qualidade no atendimento ao usuário.

Diz Deming (1986) que a chave para um verdadeiro aprimoramento da qualidade dos serviços é trabalhar sempre para oferecer o melhor, organizar de baixo para cima e não de cima para baixo, e estabelecer um sistema de cooperação entre os funcionários das diferentes agências governamentais.

Outros países, entretanto, adotaram caminhos diferentes. Na Nova Zelândia e no Reino Unido, as autoridades optaram pela filosofia do "faça o administrador administrar". Neste caso, não bastaria "deixar" o administrador administrar; muitos órgãos são monopólios e, afastados da competição de mercado, acreditava-se que não haveria estímulo para que os administradores procurassem administrar mais eficientemente. O caminho escolhido para garantir que ocorressem, de fato, melhores resultados da administração pública foi o de alterar os incentivos dados aos administradores e expô-los às forças do mercado.

No entanto, para que o administrador público possa trabalhar em um sistema que se assemelha ao associado às forças de mercado, o mecanismo-chave passa a ser o de tratar o cidadão não mais como mero contribuinte, mas, sim, como cliente. Nesse caso, a avaliação tradicional de desempenho necessitaria ser substituída por pesquisas que demonstrem qual o grau de satisfação do cidadão-cliente.

Claro que há a preocupação, ao atribuir-se ao cidadão o *status* de cliente, de descomprometer o administrador de qualquer vínculo político, uma vez que passa a levar em consideração o desejo do cliente, e não mais os princípios políticos daqueles que propuseram as políticas públicas. Mas, não há duvida, no entanto, de que trabalhar pesado para melhorar a prestação dos serviços públicos, mesmo que em aspectos por vezes nem tão amplos, já trazem como resposta maior respaldo e satisfação do cidadão. Todo contribuinte gostaria de não encontrar filas nos postos do INSS, encontrar pessoas mais amistosas no trato para com eles e serviços prestados de forma mais assertiva.

O modelo adotado na Grã-Bretanha e na Nova Zelândia impôs mudanças, aumentou a flexibilidade, impôs novas exigências de resultados e criou estímulos para que fossem cumpridas as metas estabelecidas. Por sua vez, permitiu que vários programas oficiais fossem transferidos para o setor privado. O trabalho individualizado e os contratos por desempenho substituíram os sistemas de trabalho baseados em regras e procedimentos. Nesse modelo, necessário se faz destacar que os papéis dos sindicatos acabam também sendo alterados.

O modelo australiano, diferente do modelo anteriormente exposto, propôs como base fundamental uma transformação nos recursos humanos, promovendo treinamentos focados no objetivo de implantar no funcionalismo público a cultura do aprimoramento contínuo. E um dos pontos fortes consiste na forma de organizar a estrutura visando potencializar aos funcionários o uso mais pleno de suas habilidades.

Independentemente das diferenças metodológicas, ambos convergiram para fazer com que a administração pública, como um todo, se tornasse mais habilidosa no trato da coisa pública, trazendo resultados mais tangíveis no sentido de enfrentar situações de maiores demandas e menores recursos. É a ideia do fazer mais com menos.

A procura pelo equilíbrio entre os novos mecanismos geradores de eficiência e as questões intrínsecas da área pública acabam sempre integrando os objetivos dos processos de reforma da estrutura de governo e da gestão pública.

1.3 – A Administração Pública no Brasil

1.3.1 – As Raízes da Administração Pública no Brasil

O Brasil figura no cenário geográfico mundial como a quinta dimensão territorial, possuindo condições naturais e culturais das mais diversas. É senso geral que a ocupação histórica do País foi marcada pelas transferências e implantações de aspectos da cultura europeia, em especial através das ações diretas da Espanha e de Portugal.

Na medida em que a ocupação das então colônias se intensificava, sistemas de administração e governos foram estabelecidos, em processos arbitrários de distribuição de cargos e terras, calcados em princípios da concessão de privilégios relacionados aos interesses individualistas, pouco voltados para formas de organização que incluíam solidariedade e ordenação da sociedade. O quadro é bem resumido por Holanda (1977) ao afirmar que "em terra onde todos são barões não é possível acordo coletivo durável, a não ser por uma força exterior respeitável e temida".

A busca de prestígio pessoal e social se dá nesse caldo controverso das ações meramente individualistas e pessoais das relações corporativas, dificultando a estruturação de organização solidificada, especialmente das organizações coletivas cuja hierarquia necessitaria de representatividade para ser acatada e respeitada como tal. Para portugueses e espanhóis, antes das ideias revolucionárias, o que vivenciaram de fato foi a injustiça social dos privilégios hereditários.

As questões negadoras do livre-arbítrio não obtiveram unanimidade entre espanhóis e portugueses, pois isso representaria não encontrar pleno reconhecimento do mérito e da responsabilidade individuais. Isso representou o maior óbice entre eles ao espírito de organização espontânea. Nas nações ibéricas, substituía-se esta falta pelo princípio unificador representado pelos governos, ou seja, um tipo de organização artificialmente mantida por uma força exterior. Nos tempos mais próximos, isso equivaleria a algo que se materializou no formato das ditaduras militares.

Certamente traços dessas práticas foram permanecendo e influenciando a história das políticas públicas do Brasil, sendo legadas de geração em geração pelo princípio da tradição.

Durante a monarquia eram os fazendeiros escravocratas e seus descendentes, com profissões liberais, que dominavam a política, monopolizando os ministérios, os parlamentos, e, em geral, todas as posições de mando nas instituições governamentais. A família patriarcal forneceu, dessa forma, o modelo no qual se calcou a vida política e as relações entre governantes e governados.

Essa forma de paternalismo se opunha totalmente às ideias revolucionárias do início do século XIX, as quais sustentavam a impotência dos motivos religiosos e morais na repressão às causas de dissídios entre os cidadãos, e que apresentavam a regulação como finalidade precípua dos governos.

A excessiva importância, oriunda do modelo moldado pelos senhores de engenho no Brasil, aos apetites materiais, era inconciliável com o decoro que deveria ser devotado ao Poder e às instituições de governo. Nos escritos e advertências de Nabuco (1997) podemos compreender um pouco do quadro daquele momento da história:

> "Excitastes essas ideias generosas para carrear a popularidade e para triunfar, mas ao depois e na prática, tendes respeitado e conciliado esse feudalismo dos vossos e só combatido o dos adversários; tendes dividido a província em conquistadores e conquistados; vossos esforços têm sido para dar aos vossos aquilo que reprovais aos outros; só tendes irritado e lançado os elementos de uma reação funesta; tendes obrado com o encarniçamento e odiosidade de uma facção, e não como o patriotismo e vistas de um partido político".

A ultrapassagem de certos limites impostos à vida política brasileira pela colonização portuguesa foi o fato gerador de muitas turbulências ocorridas no Brasil nos anos que antecederam e sucederam à Independência. A mentalidade de casa-grande, moldada por longos anos de vida quase que exclusivamente rural, invadiu assim as cidades e conquistou, sem exclusões, todas as profissões.

A sociedade brasileira colonial se fundamentou fora dos meios urbanos. É deveras importante considerar este fato para a melhor compreensão das condições que, direta ou indiretamente nos balizaram por muitos e muitos anos após a proclamação da independência, tendo reflexos no cotidiano do País até os dias atuais. Num país que, durante a maior parte da sua existência, foi terra de senhores e escravos, com o seu comércio dominado por elites havidas pelas benesses das riquezas e do modo de vida da nobreza, seria mesmo difícil encontrar modelos administrativos estruturados a partir da prestação de um serviço público voltado aos interesses da maioria.

Pode-se dizer que muitas dificuldades ainda observadas no funcionamento dos nossos serviços públicos encontram raízes nesse quadro histórico de construção dos modelos de governo e de administração.

Vale a pena assinalar que o predomínio esmagador do ruralismo, segundo todas as aparências, foi antes um fenômeno típico do esforço dos nossos colonizadores do que uma imposição do meio, porque a primazia acentuada da vida rural concorda muito bem com o espírito da dominação portuguesa, que cedeu todas as vezes que as conveniências imediatas assim aconselhavam, feitorizando assim uma riqueza fácil. Assim sendo, houve durante muitas décadas uma forte tendência da prevalência de vontades familiares ou particularistas na condução das coisas do Estado, aspecto cujos reflexos se estendem até os dias atuais em diversos níveis.

A partir do advento da Abolição cessaram de funcionar alguns freios tradicionais contra o advento de um novo estado de coisas, consistindo-se, por si só, este fato no marco mais visível entre duas épocas. Da Abolição para diante, ficou melhor preparado o terreno para um novo sistema, cujo centro de gravidade não mais estava nos domínios rurais, mas nos centros urbanos.

Através da evolução histórica brasileira, se percebe dois movimentos ao mesmo tempo e num mesmo sentido: um, de valorizar a ação das comunidades urbanas, outro, que diminui a influência dos centros rurais. O favorecimento do primeiro movimento através de fatores especiais, não há dúvida em se afirmar que só floresceu à custa do definhamento das condições que estimulavam a formação de uma aristocracia rural poderosa.

Portanto, ao longo da história da administração pública brasileira, não é de admirar que, ao misturar a rês pública com a rês privada, confundiu-se e tratou-se o Estado como uma continuação da família, trazendo no bojo dessa inadequação o fato de acabar preponderando a vontade particularista contra a vontade generalista. O Estado somente nasce quando acontece um distanciamento da ordem familiar, bem como quando o indivíduo se faz cidadão e responsável perante as leis. Isso acontecendo haverá uma vitória do geral sobre o particular.

Transgredindo-se a ordem familiar é que se inicia o verdadeiro Estado, e que o indivíduo se torna cidadão, e num passo mais firme, através de um processo mais moderno e pluralista de administração pública, o cidadão-contribuinte poderá se tornar, como muitos sugerem, um cidadão-cliente associado ao modelo da Administração Pública Gerencial.

O princípio é romper com traços de uma tradição administrativa, construída ao longo da história do País, centrada em vontades particulares, que encontram ambiente favorável em círculos fechados e inacessíveis a uma ordenação impessoal, fortemente embalado nos braços do Império, indutor deste tipo de administração pública catalogada como Administração Patrimonialista, modelo que prevaleceu até as primeiras três décadas do Século XX, mas que os efeitos são sentidos até os dias atuais.

1.3.2 – A Administração Pública Patrimonialista

Da descoberta do Brasil em 1500 até a Revolução de 1930, o Estado brasileiro pode facilmente ser descrito como a grande instituição garantidora dos privilégios sociais e econômicos de uma elite rural, aristocrática e parasita. Essa elite gravitava em torno do Estado e lhe arrancava os mais diversos privilégios: sinecuras, prebendas, políticas públicas escandalosamente vantajosas, poder político e social, empréstimos mais que favoráveis, garantia de impunidade na operação de uma infinidade de mecanismos de corrupção, clientelismo, patronagem e uma lista sem fim de privilégios.

Para o entendimento pleno desse tipo de relação da elite agrária com o Estado brasileiro, é importante o conceito de patrimonialismo desenvolvido por Weber (1968). Esse conceito fundamental é utilizado para caracterizar formas de dominação política tradicional em que não há separação clara e visível entre as esferas pública e privada, em que esses dois domínios se misturam na concepção do governante, que entende e controla o Estado como se fosse uma extensão do seu próprio domínio privado.

Tomando o conceito de patrimonialismo e explorando-o sobre vários enfoques, Faoro (1984) muito contribuiu para explicar a relação incestuosa e predatória da elite agrária governante com a administração pública brasileira.

Por esse ângulo, toda a nossa trajetória, desde o descobrimento, é uma história marcada pela forte presença do Estado, controlado e espoliado por uma elite denominada, pelo autor referido, de estamento burocrático, que dava vida e forma à sociedade brasileira.

Durante a colonização experimentamos um processo de transplantação da máquina administrativa lusa para o Brasil. Esse processo aprofunda-se e completa-se com um acontecimento inesperado e conjuntural: a vinda da Corte para o Brasil em 1808, fugindo do cerco de Napoleão Bonaparte. Esse acontecimento marca de maneira decisiva toda a nossa história posterior. A transplantação da administração portuguesa para o Brasil completa uma obra iniciada no século XVI e instala definitivamente no país um aparato administrativo caracterizado pelo burocratismo, pelo patrimonialismo e dominado por estamento político. Exceto em breves períodos, como na época da Regência ou da Primeira República, a nossa história caracteriza-se pela centralização, pelo caráter patrimonial, pelo burocratismo, pelo intervencionismo estatal, tudo controlado pelo estamento encastelado no poder. (BRESSER PEREIRA & SPINKI, 2003)

Portanto, em síntese, percebe-se que a administração patrimonialista caracteriza-se por um Estado centralizador, onipotente e espoliado por uma elite patrimonial, padrão que persiste por séculos. Por causa das raízes e herança desse modelo, a administração pública brasileira é caracterizada por um viés patrimonial profundo, que tem resistido, com intensidade variável, até os nossos dias.

1.3.3 – A Administração Pública Burocrática

Voltando-se à questão do papel da Abolição para a quebra de paradigmas na administração pública brasileira, pode-se afirmar que, a partir desse momento histórico, há diminuição da influência dos centros rurais nas decisões político-administrativas, dando lugar à sedução dos centros urbanos, fato marcante para a mudança, lenta e gradual, da administração patrimonialista para uma administração burocratizada.

É interessante e marcante que o desaparecimento gradual da administração patrimonialista coincide com a diminuição da importância da lavoura da cana-de-açúcar, substituída em parte pelo café, acontecimento este que marcou o início da era capitalista no Brasil.

Essas circunstâncias aliadas ao desenvolvimento das comunicações e das linhas férreas iriam facilitar a relação de dependência entre as áreas rurais e as cidades. O resultado é que o domínio agrário deixa, aos poucos, de ser uma baronia, para se aproximar, em muitos dos seus aspectos, de um centro de exploração industrial. (ABRUCIO, 1997)

Os velhos ruralistas, tornados impotentes pelas transformações definitivas trazidas no bojo da Abolição e pelo movimento urbano, não tinham como intervir tão fervorosamente nas novas instituições. A República, novo *"status quo"* surgido após a Abolição e criando por assim dizer uma plutocracia, procurou ignorá-los. A urbanização contínua e avassaladora, fenômeno social de que as instituições republicanas deviam representar a forma exterior complementar, destruiu o esteio rural.

O trágico da situação está justamente em que o quadro formado pela monarquia, no início da era republicana, ainda guardava seu prestígio. O Estado brasileiro, naquela altura dos acontecimentos, ainda preservava como relíquias algumas das formas exteriores do sistema patrimonialista de administração pública.

Não é demais se recordar que administração patrimonialista é aquela que significa a incapacidade ou a relutância do administrador fazer distinção entre o patrimônio público e seus bens privados. A administração do Estado pré-capitalista era uma administração patrimonialista.

Com o surgimento do capitalismo e da democracia, estabeleceu-se uma distinção clara entre bens públicos e bens privados, e com isso uma nova forma de administração pública foi concebida especialmente para combater o nepotismo e a corrupção – dois traços característicos da administração patrimonialista – usando para tal os princípios de um serviço público profissional e de um sistema administrativo impessoal, formal e racional.

O advento, no século XIX, da administração burocrática, revestiu-se de grande progresso, pois esta nova forma de governar era o contraponto à administração patrimonialista. Weber (1968), o mais profundo analista desse processo, destacou com muita ênfase a superioridade da autoridade racional-legal sobre o poder patrimonialista.

Fazem-se necessários alguns comentários didáticos sobre o conceito de burocracia, que com frequência enseja muitos equívocos. Em primeiro plano, na acepção weberiana do termo, não há nenhuma conotação pejorativa; muito ao contrário, Weber faz uma defesa enfática do modelo burocrático como contraponto às práticas patrimonialistas até então preponderantes. Constata-se que existem três acepções normalmente relacionadas ao conceito de burocracia: disfuncionalidade administrativa, caráter antidemocrático e uma técnica de administração pública.

É cristalino que a percepção da disfuncionalidade administrativa é a mais difundida, uma vez que o conceito de burocracia é automaticamente associado à hipertrofia das estruturas administrativas. Por esse prisma, burocracia é entendida como sinônimo de estrutura descartável, ineficiente e onerosa.

Na ciência política, o conceito de burocracia está ligado à noção de oligarquização e caráter antidemocrático. Esse processo leva, quase inevitavelmente, ao afastamento e distanciamento da cúpula em relação às bases das organizações públicas ou privadas, dando lugar a uma elite de dirigentes profissionais que se apoderam das instituições, apossando-se, desta forma, do controle, da dinâmica, do funcionamento e das diretrizes políticas das organizações sociais, especialmente de partidos políticos e de sindicatos. Assim, a formação de uma oligarquia dirigente descolada das bases das instituições, com a ampla e diversa intensidade e as gradações que este processo contempla, passa a ser percebida como uma consequência inevitável da evolução das organizações burocráticas. Por esse enfoque teórico, estabeleceu-se e difundiu-se a noção de que a organização burocrática consagra um viés oligárquico e antidemocrático de engenharia institucional.

A noção propriamente weberiana do termo se estabelece em torno de considerá-la uma técnica de administração pública. Conforme Weber (1968), a administração burocrática tem seu modelo inicial nas características organizacionais introduzidas pelo exército prussiano nos meados do século XIX. A análise weberiana é bastante pragmática, percebendo os avanços organizacionais do modelo burocrático como uma resposta moderna aos complexos e crescentes problemas administrativos causados pelo crescimento vertiginoso das instituições públicas e privados.

No contexto da superioridade do modelo racional-legal, que é o '*core*' da administração burocrática, e da intensa expansão do capitalismo no principio do século passado, o modelo burocrático desempenhou papel fundamental, uma vez que possibilitou a enorme expansão qualitativa e quantitativa das funções administrativas nas esferas pública e privada.

Dos numerosos componentes do modelo burocrático desenvolvido por Weber, destacamos para a administração pública os que consideram a impessoalidade, a hierarquia, as regras rígidas, a especialização, e a continuidade e controle, os quais sucintamente são caracterizados a seguir.

A **Impessoalidade** é o componente associado à existência de regras abstratas e universais aplicáveis a todos os cidadãos, com regras previstas também para grande maioria das situações cotidianas das relações sociais. Essas regras vinculam o detentor do poder, o aparelho administrativo e os governantes. Essa característica é de fundamental importância para a democratização das relações políticas e sociais, principalmente num país patrimonialista e clientelista como o Brasil, onde as relações pessoais usualmente tendem a sobrepor-se ao ordenamento legal e institucional. Quanto à essência desse comportamento, as análises antropológicas identificam o famoso *jeitinho* brasileiro como uma resistência cultural à submissão das pessoas às regras legais universalistas. (ABRUCIO, 1997)

O componente **Hierarquia** considera que toda organização burocrática se estrutura de modo hierárquico, o que não quer dizer que todas se organizam com a mesma intensidade hierárquica. Por mais esforços que se façam, tanto na iniciativa privada quanto na administração pública, no sentido de flexibilizar e delegar a autoridade, ainda persiste uma estrutura bastante verticalizada nos processos de tomada de decisão. Quanto à administração pública, esta cultura do modelo verticalizado é ainda mais forte, uma vez que a estrutura do setor público é extremamente hierarquizada.

Outro componente do modelo burocrático desenvolvido por Weber é o que vem associado às regras rígidas. No modelo burocrático, as funções administrativas são exercidas de modo continuado, com procedimentos definidos e repetitivos, com base em um conjunto de regras rigidamente formuladas, escritas ou não, com pretensões universalistas e abstratas. No caso da administração pública, o estabelecimento de tais regras é muito intenso, pois todas as ações do administrador estão previstas em vasta legislação. Em regra, a maior parte dos atos administrativos públicos é vinculada, não permitindo um juízo de valor.

A especialização é outro componente, relacionado ao fato de que as tarefas funcionais dentro de uma burocracia são distribuídas de acordo com os conhecimentos técnicos e as aptidões profissionais que são exigidos para o desempenho de determinada atividade. Essa característica acentuou-se com a tendência das especialidades do mundo acadêmico e da produção científica cada vez mais compartimentada. Assim, o modelo burocrático requer e ajuda a desenvolver uma intensa divisão do trabalho, em que as competências profissionais e jurisdicionais são claramente definidas por critérios técnicos.

Por fim, destacamos, entre os componentes do modelo burocrático desenvolvido por Weber, a continuidade e controle. Dentro do modelo burocrático, a produção de bens e serviços é continuada, possibilitada por um corpo administrativo qualificado e permanente. Há um caráter democrático na estruturação desses corpos administrativos, quer pelo recrutamento universalista, quer pela valorização técnica e profissional através de concursos ou pela titulação. Não há dúvida que esse processo trouxe inegáveis melhorias com relação ao recrutamento patrimonial, marcadamente nepotista e clientelista.

No Brasil, a administração burocrática teve início na década de 1930, através da *mão de ferro* da primeira ditadura do presidente Getúlio Vargas, que promoveu um rearranjo político do Estado no sentido de atender as pressões modernizantes de uma incipiente burguesia nacional que buscava seu lugar ao sol. Nesse contexto, um Estado mais racional e eficiente seria fundamental para o êxito do intervencionismo estatal, que visava garantir o desenvolvimento econômico e a incorporação político-social da burguesia nacional e de setores operários urbanos.

É importante destacar que é exatamente no primeiro movimento modernizador da administração pública que se inicia o estabelecimento de um padrão duplo, que marca a ação do Estado brasileiro até os nossos dias. Os altos escalões passam a ser organizados e estruturados de acordo com os paradigmas do modelo weberiano que ora se instalava no Brasil, recebendo treinamentos, formação profissional, salários mais atraentes e garantias legais. Por outro lado, a para infelicidade dos brasileiros pobres e dependentes da ação estatal, a burocracia interna, que cuidava das políticas públicas das áreas de saúde, educação e segurança pública, sofria com as deletérias e ineficientes práticas clientelistas e patrimonialistas.

1.3.4 – A Administração Pública Gerencial

Apesar do progresso representado pela administração burocrática, quando, a partir de 1950, o Estado ampliou seu papel social e econômico, a sua estratégia básica adotada – o controle hierárquico e formalista dos processos – provou ser inadequada.

No Brasil, em especial, numa tradição iniciada por Vargas, o governo de Juscelino Kubitscheck (1956-61) administrou o Estado desacreditando a burocracia disponível e não investindo em sua profissionalização, no que foi amplamente seguido pelo regime militar governante entre 1964 e 1985.

Surge, então, uma nova forma de administração que tomou de empréstimo os imensos avanços por que passaram, no século XX, as empresas de administração de negócios, sem, contudo, perder a característica específica que a faz ser administração pública: uma administração que não visa o lucro, mas o desenvolvimento econômico e o bem-estar da população.

Neste novo contexto, cabe ao novo estilo de administração pública não só ser efetiva em evitar a corrupção e o nepotismo; ela necessita ser eficiente e eficaz no provimento de bens e serviços públicos que cabe exclusividade ao Estado os produzir. Estava evidenciado que, mesmo se combatendo essas duas nefastas ações – nepotismo e corrupção – a *res publica* estava exposta a um rol ainda muito grande de ameaças. As formas mais visíveis e conhecidas de corrupção e nepotismo foram controladas, mas surgiram outras tão nefastas quanto as já combatidas. Empresários continuavam a se beneficiar; funcionários públicos eram frequentemente ineficientes no trabalho, mas se mantinham protegidos por leis ou hábitos que lhes garantem a estabilidade no emprego.

Nos países emergentes, nos quais prosperou um Estado desenvolvimentista em substituição ao Estado do Bem-Estar Social[3], a situação era ainda pior: o nepotismo e a corrupção conviviam tranquilamente com a burocracia, que era beneficiária de privilégios e aceitava passivamente o excesso de quadros burocráticos.

De acordo com Bresser Pereira e Spinki (2003), se nos países desenvolvidos, a *res publica* não foi bem protegida pela administração burocrática, dada a sua ineficiência em administrar o Estado do Bem-Estar Social, nos países emergentes, a *res publica* foi ainda menos protegida, porque nesses países os burocratas não se dedicaram apenas à construção do Estado, mas também a substituir parcialmente a burguesia no processo de acumulação de capital e na apropriação do excedente econômico.

Como resposta à crise do Estado do Bem-Estar Social, surgiu na segunda metade do século XX a administração pública gerencial, que tem como objetivos centrais enfrentar a crise fiscal, reduzir custos e tornar mais eficiente a administração dos bens e serviços inerentes ao Estado, protegendo-o contra os interesses do nepotismo e da corrupção. Como diz Ostrom (1993), "a sensação de crise que se desenvolveu no campo da administração pública ao longo da última geração originou-se da insuficiência do paradigma inerente à teoria tradicional da administração pública".

A administração pública burocrática preocupa-se essencialmente com o processo, com os procedimentos para o desenvolvimento dos serviços públicos, enquanto a administração pública gerencial foca seus esforços para os resultados. A burocracia, entendendo ser mais eficaz combater-se o nepotismo e a corrupção através do controle do processo, esquece-se da profunda ineficiência que pode conter os seus quadros. Os controles são preventivos, e assim entende que punir os desvios é sempre muito difícil, por não dizer impossível; prefere, pois, prevenir. A rigor, uma vez que sua ação não tem objetivos claros, não tem alternativa senão controlar os procedimentos.

Por sua vez, a administração pública gerencial parte do princípio da necessidade de combater o nepotismo e a corrupção, mas que, para tal, não são necessários procedimentos rígidos, pois agora são repelidos universalmente os atos que confundem patrimônio público e privado. São necessárias novas estratégias, e estas são amplamente utilizadas na administração pública gerencial: a descentralização; a delegação de autoridade e responsabilidade ao gestor público; o rígido controle sobre o desempenho, aferido mediante

---

3 Forma de Desenvolvimento que tudo que era necessário era de responsabilidade do governo.

indicadores acordados e definidos por contrato, além de serem estratégias muito mais eficientes de administrar o Estado.

A agência burocrática concentra-se em suas próprias necessidades e perspectivas, a agência orientada para o cidadão consumidor concentra-se nas necessidades e perspectivas desse consumidor.

A administração pública burocrática, mesmo nas mais capitalistas, se manteve bem próxima da matriz inicial em tudo que diz respeito à afirmação do poder extroverso do Estado, tendendo, portanto, a ser autorreferente, além de promover seus próprios interesses. Observe-se que o Estado-nação, ou país, inclui o Estado e a sociedade civil, sendo o Estado a única entidade à qual compete o poder extroverso – o poder de impor à sociedade civil, que não é parte integrante direta do Estado, mas em contrapartida é objeto do poder do Estado e principalmente fonte da legitimidade do governo. (FAORO, 1984)

Em contraposição, para a administração pública gerencial, o poder do Estado já não se encontra sob ameaça grave nos países desenvolvidos e nos emergentes. Assim, o serviço público já não precisa ser autorreferente, mas orientar-se pela ideia de serviço ao cidadão. Afinal, o serviço público é público, é um serviço para o público, para o cidadão. Essa é a essência da administração pública gerencial.

No entanto, as mudanças nas relações entre a administração pública e seus usuários decorrem, em grande parte, da crise gerada pelo atendimento deficiente ao cidadão. O cidadão, além de mostrar cada vez mais insatisfação com a qualidade do atendimento, passa a exigir, com maior frequência, uma prestação de serviço eficiente, passando a prestação de serviços pela administração pública no mundo, e em particular, no Brasil por um aspecto bastante crítico. Nesse contexto, a escassa profissionalização e a resistência às quebras de paradigmas concorrem fortemente para dificultar um salto de qualidade no atendimento.

A administração pública gerencial deve procurar, com insistência e profundidade, estruturar em caráter permanente um modelo de gestão que venha alcançar objetivos múltiplos e interligados, como por exemplo: melhorar a qualidade da oferta de serviços à população, aperfeiçoar o sistema de controle social da administração, impor a transparência para seus atos, combater a corrupção, promover a valorização do servidor público; não pode, portanto, desconsiderar que sua função precípua é a social.

1.4 – As Lacunas Existentes na Administração Pública Brasileira

1.4.1 – Dificuldades no Contexto Social e Político

A primeira grande dificuldade que se encontra em experiências com a implantação da administração gerencial é que ela é costumeiramente implantada ao mesmo tempo em que se implantam programas de ajustes estruturais que visam a enfrentar a crise fiscal do Estado, e o Brasil não fugiu desta regra.

Outra dificuldade está centrada no fato de que, como resultado da democratização do Estado, a administração pública ganhou novas e complexas atuações nas áreas de saúde, educação, lazer, previdência social, energia, telecomunicações e relações de trabalho; enfim, criou-se uma quantidade enorme de setores que exigem ampla regulação.

Alie-se a tudo isso o fato de o regime democrático no Brasil ser recente e ter sido intercalado por significativos períodos de ditadura, o que não deixou de postergar e restringir o processo de incorporação polítco-econômico-educacional da maior parte da população, engajamento este que se mostra parte indissolúvel de qualquer processo de aprimoramento da administração pública brasileira. Assim sendo, seria historicamente equivocado supor que melhores resultados fossem rapidamente alcançados na administração pública brasileira, voltando-a para o atendimento dos anseios do cidadão-cliente, em uma sociedade altamente excludente como a brasileira.

Outro fato que não pode deixar de ser considerado é o da ampliação do caráter social do governo consagrado pela Constituição Federal de 1988, atendendo uma tradição político-partidária de um regime incorporador e assistencialista usualmente apresentando solução estatal para a maioria dos problemas e necessidades do eleitorado.

Nesse contexto, o papel do setor público tende a crescer e tornar-se cada vez mais importante, uma vez que ele deve empreender a majestosa tarefa de fazer do Brasil um país menos injusto.

1.4.2 – No Contexto Cultural e Institucional

Ao se analisar a estrutura administrativa, o padrão cultural e mesmo a filosofia de formulação, implementação e gerenciamento de políticas públicas que vem sendo utilizadas no Brasil após a aprovação da Constituição Federal de 1988, constata-se alguns problemas conceituais e institucionais que são contundentes. São obstáculos culturais, históricos, políticos e administrativos de difícil superação, os quais somente com o transcorrer do tempo, através do aprendizado cotidiano e do amadurecimento institucional e cultural, serão superados.

A estrutura institucional da administração pública brasileira arquitetada pela Constituição Federal de 1988 se fundamenta em dois principais pilares: descentralização e controle social.

Quanto à descentralização, observamos um enorme aumento das atribuições dos municípios, que ficaram com a responsabilidade pela operacionalização, implantação e gerenciamento das mais importantes políticas públicas. Isso conduz à afirmação de que a vida política, institucional e o pleno exercício da cidadania acontecem nos municípios, local real de aplicação das políticas públicas, em contraponto aos entes mais virtuais que são os Estados e a Federação.

Uma rápida análise no artigo 30[4] da Constituição Federal de 1988, que lista as competências dos municípios, já demonstra de maneira inequívoca a relevância e abrangência das atribuições da esfera municipal no arranjo federativo brasileiro.

Quanto ao controle social, é um princípio que permeia toda a Constituição Federal de 1988 e se estende pela vasta estrutura legal que dispõe sobre a formulação de políticas públicas no Brasil, tendo por objetivo central aumentar a mobilização e organização da sociedade civil, rompendo séculos de inércia, apatia e dependência em relação ao poder público.

Apesar dos avanços já observados na sociedade e na administração pública, o processo de implantação desse modelo descentralizado e dependente da eficácia do controle social tem encontrado grandes óbices de natureza histórica, cultural, educacional e institucional.

Os principais obstáculos que a implantação plena da administração pública gerencial encontra, e a sua pífia performance, fruto desses mesmo obstáculos, estarão sendo analisados a seguir: as dificuldades da ação coletiva, a sociedade civil desorganizada e a falta de objetividade da administração pública.

Ao longo das duas últimas décadas tem sido uma prática comum dos governantes brasileiros a adoção de várias medidas pontuais na busca de melhorar o desempenho do governo e da administração pública. Foram

---

4 Artigo 30 da CF de 1988 – Compete aos Municípios:
   I - legislar sobre assuntos de interesse local;
   II - suplementar a legislação federal e a estadual no que couber;
   III - instituir e arrecadar os tributos de sua competência, bem como aplicar suas rendas, sem prejuízo da obrigatoriedade de prestar contas e publicar balancetes nos prazos fixados em lei;
   IV - criar, organizar e suprir distritos, observada a legislação estadual;
   V - organizar e prestar, diretamente ou sob regime de concessão ou permissão, os serviços públicos de interesse local;
   VI - manter, com a cooperação técnica e financeira da União e do Estado, programas de educação pré-escolar e fundamental;
   VII - prestar, com a cooperação técnica e financeira da União e do Estado, serviços de atendimento à saúde da população;
   VIII - promover, no que lhe couber, adequado ordenamento territorial, mediante planejamento e controle do uso, do parcelamento e da ocupação do solo urbano;
   IX - promover a proteção do patrimônio histórico-cultural local, observada a legislação e a ação fiscalizadora federal e estadual.

desenvolvidas ações para reduzir a burocracia, simplificar o atendimento ao cidadão, implantação da gestão por resultados. O sucesso desse modelo de gestão, é imperativo se ressaltar, passa pelo interesse de cada organização e de cada servidor público em atingir esses objetivos. Isso exige que tanto a instituição como o servidor tenham uma postura mais profissional, criativa e empreendedora. Também se torna imperativo ressaltar que as diferenças de desempenho e de alcance de resultados precisam ser valorizadas pela administração pública através de planos de carreiras atraentes e de uma meritocracia evidente.

1.4.3 – Dificuldade da Ação Coletiva

Sendo a administração pública o foco deste trabalho, cabe considerar dificuldades da mobilidade dos atores sociais sobre o Estado como ação coletiva. Há concepções simplistas de que as pressões sociais e a formulação das políticas públicas se dão apenas pelo processo em que a sociedade se mobiliza por grupos de interesses e, através de uma ação coletiva concatenada, pressiona o Estado para que este implemente as políticas públicas que desejam.

Na verdade, vários e imprevisíveis fatores intervenientes atuam no sentido de quebrar a lógica acima apresentada e esperada pela administração pública. As ações coletivas podem contemplar inúmeras alternativas imprevisíveis, o que representa dizer que a lógica da ação coletiva pode muitas vezes se tornar ilógica. A ação coletiva pode contrariar até os próprios interesses dos grupos envolvidos e, também, como é mais usual, pode simplesmente não ocorrer.

Para efeito da discussão da teoria da ação social, embora muitos autores atentem para a temática, são considerados os trabalhos de Boudon e Bourricaud (2000), para os quais a sociedade pode ser dividida em três grupos: "categoria social, grupo latente e grupo organizado".

Categoria social seria o que reúne pessoas que têm apenas algumas características, tais como, mesma idade, gosto por viagens ou possuir animais de estimação, por exemplo. É evidente que não existe necessariamente um interesse ou organização em comum entre os componentes deste grupo.

Grupo latente seria aquele composto normalmente por grandes conjuntos, representa claramente pessoas que têm algum interesse em comum, como estudar numa determinada instituição de ensino, morar na mesma cidade ou bairro, ou torcer por um determinado clube de futebol. Nesse estágio, apesar do interesse comum, ainda não se registra, necessariamente, nenhum tipo de ação coletiva sincronizada.

Grupo organizado seria aquele que já representa um grupo com interesses sincronizados, com mecanismos de decisão e capacidade de ação coletiva, possuindo habilidades e meios para demandar políticas públicas. Em outras palavras, representa um grupo latente com capacidade de mobilização de seus integrantes.

Um problema inerente a essa concepção e que merece ser desvendado é o entendimento das condições, pré-requisitos e mecanismos através dos quais um grupo latente se transforme em grupo organizado capaz, eficiente, eficaz e efetivamente disposto a fazer pressões bem-sucedidas sobre o Estado, que, em resposta, implementaria políticas públicas que atendessem suas demandas.

Claramente, cada cidadão pode desempenhar vários papéis sociais, fato este que pulveriza seus interesses por uma vastidão de situações políticas e instituições sociais, o que o leva a poder pertencer a uma quantidade alta de grupos latentes, ficando menos visível a necessidade de ação em cada um deles. Não se pode esquecer que a priorização, ou seja, a difícil opção de escolher em quais grupos o cidadão irá atuar com maior dedicação, haja vista que é naturalmente impossível participar de todas as instituições que defendam alguns dos interesses do indivíduo. Assim sendo, a multiplicidade de papéis sociais, que pulveriza o interesse do cidadão, dificulta a percepção dos atores, fato que tende a desestimular a ação coletiva.

Outra questão que deve ser considerada é o fato de que nem sempre o interesse individual e o coletivo são coincidentes. Como ilustração, considere-se uma situação fictícia em que um determinado produto agrícola tenha sido produzido em excesso. Imagine-se agora que, como forma de resolver o problema, uma associação de produtores sugira erradicar parte das plantações para equilibrar a relação oferta/demanda. Com larga probabilidade, a melhor opção de cada integrante da associação será a de expandir a área plantada, fato que explicita um antagonismo entre a racionalidade individual e a coletiva.

Por vezes há uma noção ingênua de que, havendo o interesse comum, o resultado será uma ação coletiva na defesa desses interesses.

Os gestores públicos normalmente não consideram de maneira explícita os fatores que impedem ou dificultam o desenvolvimento da sequência linear relacionada com uma ação coletiva, aparentemente lógica e esperada. Constata-se que a existência do interesse comum é requisito indispensável, mas não suficiente para a ação coletiva, que é provavelmente o mais adequado mecanismo de pressão política sobre o Estado.

Há características que se manifestam em forma de obstáculos ao processo de estabelecimento de uma ação coletiva.

Um desses obstáculos é o da **não-percepção**, que considera a possibilidade de situações, por mais claras e evidentes possam parecer, nas quais as pessoas acabam simplesmente não reconhecendo nelas seus próprios interesses.

Isso, por si só, é fator indutor de que um grupo latente não se torne um grupo organizado. O aluno já maduro que deixa de completar um curso do qual depende o seu futuro, o motorista que dirige de maneira imprudente, o fumante que não abre mão de seu prazer imediato, são exemplos de situações simples nos quais os interesses pessoais não estão sendo adequadamente percebidos ou defendidos.

Acontecendo estes equívocos em situações tão simples, imagine-se no plano coletivo, caracterizado por um contexto intrincado, envolvendo um número considerável de variáveis, exigindo níveis elevadíssimos de senso crítico, quantas vezes são desperdiçadas oportunidades de uma ação coletiva.

Rousseau (1996) salienta que "o povo por si só, quer sempre o bem, mas por si nem sempre o encontra; a vontade geral é sempre certa, mas o julgamento que a orienta nem sempre é esclarecida".

A **defecção** é outro obstáculo quando o cidadão, mesmo tendo a clara percepção de seus interesses, opta, por uma série de fatores, entre eles o medo da mudança e a acomodação ao *status quo,* por não agir no sentido de lutar pelos seus interesses, buscando atalhos que lhe pareçam mais acessíveis ou fáceis.

Esta situação pode ser bem exemplificada pela opção que a classe média brasileira fez, ao migrar para escolas e planos de saúde particulares ao invés de lutarem por dois baluartes constitucionais que são a educação e a saúde como obrigações indelegáveis do Estado, e o resultado disso foi o sucateamento por parte do Estado dessas duas indispensáveis políticas públicas.

Necessário se faz lembrar que qualquer cidadão, independentemente de sua classe social, que venha a sofrer um acidente em ambiente público será resgatado e levado ao hospital público referenciado mais próximo, e do atendimento imediato nesta instituição dependerá não só a sua sobrevida, mas também a qualidade de sua sobrevida (sequelas). Portanto, o fato de as classes média e alta poderem pagar por um serviço privado de melhor qualidade não as deixa a salvo dos efeitos da precarização dos serviços públicos de saúde.

O **tamanho do grupo latente** é outra característica que pode atuar interferindo no processo de estabelecimento de uma ação coletiva. Considerar-se o tamanho do grupo latente é de fundamental importância para o melhor entendimento das dificuldades de se empreender a ação da sociedade voltada para a adoção das corretas políticas públicas. Com relação a esta variável, dois problemas são cruciais no sentido de desestimular a ação coletiva: caso o grupo latente seja demasiado grande, a contribuição marginal da participação individual tende a ser nula; por outro lado, caso o grupo latente seja muito pequeno e poucos adiram, o resultado da ação coletiva tende a ser pífio e os custos individuais muito altos.

Em passagem exemplar, Olson (1991), que procura elucidar os problemas da ação coletiva, retrata que "[...] no grupo latente um indivíduo não pode, por definição, fazer uma contribuição perceptível a qualquer esforço grupal e, já que ninguém no grupo reagirá se ele não fizer nenhuma contribuição, ele não terá incentivo para contribuir".

A **desigualdade na informação** também pode se tornar um empecilho para a obtenção de bons resultados com políticas públicas. As decisões devem ser tomadas somente após uma completa e acurada análise da conjuntura, dos atores sociais envolvidos, das alternativas existentes, dos riscos inerentes, etc. O grande problema passa a ser, então, a busca da objetiva informação e a capacidade de processá-la de forma adequada.

Essa busca não é igualitariamente distribuída pelos atores sociais, pois nem todos têm acesso a todos os meios de comunicação necessários e indispensáveis para a obtenção de todas as informações. Além dos recursos financeiros desiguais, a aquisição da informação exige tempo e disposição, outros dois fatores que nem todos os cidadãos possuem.

Finalmente, cabe apontar, entre os obstáculos que interferem no processo de estabelecimento de uma ação coletiva, a questão da **lógica temporal**, já que, muitas vezes, os custos da ação coletiva são imediatos e os benefícios são de longo prazo. Por esta razão, a lógica temporal é fator desestimulante da ação coletiva. Um bom exemplo da lógica temporal é o fato de não ser estimulante para uma família lutar pela melhoria da escola pública pensando apenas na educação de seus filhos, pois quando esta melhoria for perceptível, talvez seus filhos não necessitem mais da escola.

1.4.4 – Sociedade Civil: a organização e a desorganização

A Constituição Federal de 1988 caracteriza-se por um espírito descentralizador muito forte, tendo no seu contexto a municipalização de várias políticas e serviços públicos, tais como a saúde e a educação.

Acompanhando esse processo de descentralização, vê-se que foram estabelecidos e incentivados inúmeros mecanismos de controle social, que partem da suposição de ampla, geral e irrestrita participação da sociedade civil, através de conselhos municipais.

O cerne da questão pode ser colocado da seguinte maneira: o controle social, previsto e esperado, para a fiscalização das políticas públicas prevê um nível de organização e mobilização social que, a bem da verdade, a sociedade brasileira ainda não alcançou.

Nesses aspectos, as raízes da administração pública, expostas no início deste trabalho, explicam e explicitam a marca cultural extremamente negativa deixada pela herança colonial, de difícil superação, as quais colocam obstáculos consistentes para a implantação bem-sucedida do controle social. Dado a este legado, temos uma sociedade civil fraca e desorganizada, com insuficientes mecanismos de pressão e vigilância sobre o Estado. Esta incapacidade de controlar ou pressionar o Estado propicia, como resultado lógico, um ambiente favorável ao florescimento e intensificação de práticas inescrupulosas de se explorar a Nação.

Nesse ambiente adverso e perverso, o desenvolvimento dos mecanismos de controle social torna-se muito lento, possibilitando ainda hoje a execução de políticas públicas marcadas por toda sorte de clientelismo e patrimonialismo, contrariando a tendência mundial pela administração pública gerencial, comprometendo sobremaneira a obtenção de resultados que visem a eficiência, a eficácia, a economicidade, a impessoalidade e a publicidade de seus atos.

Acrescente-se a tudo o que já foi exposto, as tendências antropológicas da sociedade brasileira em ser muito dependente da ação estatal, estabelecendo-se aí uma relação de dependência e até súdita com o poder público. Isto, de acordo com Sen (1999), é um fator de privação de liberdade, pois uma sociedade muito dependente da ação estatal torna-se refém da falta de alternativas de escolha na saúde, na educação, no emprego e na segurança.

A liberdade ampla, geral e irrestrita de escolhas aumenta a capacidade da sociedade de participar na direção das políticas públicas, do processo político democrático, e assim assumir o papel de agente, ou seja, na concepção mais ampla do termo agente, aquele que age e ocasiona mudanças, interagindo no mercado, participando de ações econômicas, sociais e políticas. Esta ampla participação influenciaria numerosas questões de políticas públicas, diminuindo a genérica tendência dos governantes em focar suas decisões para contentar um "segmento ideal" de uma sociedade supostamente inerte.

Assim sendo, e radicalizando a questão se pode aqui, como Faoro (1994), formular a pergunta: "existe um pensamento político brasileiro?" A resposta mais adequada seria que um país como o Brasil não teria traços que evidenciariam sua capacidade de construir um pensamento político adequado às suas particulares condições. E aí, inevitável se torna outra pergunta: "como ideias centradas num modo de ser capitalista comportar-se-iam num contexto social dependente e periférico como o acima citado?"

Por todas essas dificuldades, deduz-se que há de se percorrer um longo caminho no sentido de realmente serem desenvolvidos mecanismos eficientes de participação da sociedade no efetivo controle social. Apesar dos inquestionáveis avanços da última década do século XX, a participação da sociedade civil na implantação do controle de políticas públicas foi muito aquém do necessário para dar conta do amplo processo de descentralização contido no bojo da Constituição Federal de 1988. Uma das dimensões fundamentais da reforma do Estado brasileiro diz respeito à articulação da União com os governos estaduais e municipais. Para assegurar a cada uma das unidades federativas autonomia compatível com as suas responsabilidades, é preciso eliminar as ambiguidades acerca de atribuições administrativas, inclusive presente no texto constitucional.

Quebras de Paradigmas na Administração Pública Brasileira

Toda reforma e modernização do Estado, e a consequente redefinição de suas relações com a sociedade, é um processo eminentemente político. (www.clad.org acessado em 15/02/10)

Com o advento da Constituição Federal de 1988, houve uma forte transferência de atribuições de políticas públicas para a esfera da administração municipal. Esta transferência tem encontrado barreiras criadas, entre outros fatores, pela falta de profissionalização dos quadros que compõem a máquina administrativa municipal.

Ao contrário do tratamento dado aos servidores federais, que foram dotados de quadros qualificados, recebendo recomposições salariais e plano de carreira, os 4.767.602 servidores municipais brasileiros, conforme pesquisa de 2005 do IBGE, constituem-se recursos humanos desmotivados, mal remunerados, sem treinamentos ou profissionalização, sem planos de carreira, e, em muitos casos, com salários e décimo terceiro atrasados. Torna-se evidente que essa massa de servidores não reúne condições para prestar serviços complexos e vitais para a população, principalmente para a parcela mais carente dos serviços gratuitos prestados pelo Estado.

Importante, também, se destacar a desigualdade enorme existente entre os municípios brasileiros, com acentuadas variações regionais, base territorial, potenciais de geração de receita própria, demografia, variações estas que pressionam e influenciam na qualidade dos serviços municipais prestados.

O quadro de despreparo da máquina administrativa municipal tem sido agravado pela desenfreada criação de novos municípios depois da Constituição Federal de 1988, tendo sido esta criação incentivada pelas receitas de transferências federais e estaduais, ficando tais municípios sem as mínimas condições de governança pela total dependência desses recursos.

Em resumo, no quadro institucional que vem sendo delineado, desde o advento da Constituição Federal de 1988, o município passou a ter importantes atribuições, havendo, porém, o paradoxo associado à baixa capacidade de criar receita própria e da quase nenhuma competência administrativa, tornando-se muito preocupantes as consequências perversas e explosivas que essa combinação potencializa.

Desta forma, torna-se o ambiente administrativo municipal altamente suscetível do não atendimento aos postulados da correta administração pública, ou seja, não haverá impessoalidade, probidade, unicidade e publicidade dos atos político-administrativos municipais. Mesmo havendo um mecanismo ou instrumento legal, democrático e socialmente justo, que é a Lei de Responsabilidade Fiscal, o quadro de dificuldades se mantém presente.

II.1 Breve Histórico das Reformas Administrativas no Brasil

A Administração Oligárquica

O período chamado de República Velha (1889-1930) ficou caracterizado pela pouca importância dada às políticas públicas de caráter social bem como à mobilização da sociedade civil brasileira. A igreja, em muitos casos apoiada pelo Estado, assumiu papel preponderante no atendimento aos pobres e excluídos. As Santas Casas de Misericórdia foram protagonistas importantes nesse período. Esse cenário começou a se alterar, de forma muito lenta, a partir de 1920.

O Estado Interventor

O governo Vargas (1930 – 1945) caracterizou-se pela deflagração de direitos básicos como os do sufrágio universal, os direitos trabalhistas, um sistema de ensino público, a Constituição Federal de 1946, tudo isto voltado para a instalação do *Welfare Estate,* ou seja, o Estado do Bem-Estar, método que já estava nos seus estertores nos países mais desenvolvidos. Foi assim que foram criadas instituições paraestatais como Serviço Social da Indústria, o Serviço Nacional de Aprendizado Comercial, a Legião Brasileira de Assistência, bem como os sindicatos, federações e confederações que congregavam trabalhadores em seus setores de atividades. Evidente se destacar que todas estas ações tiverem como viés a visão clientelista e populista.

O Período da Ditadura Militar

O período democrático vivido no Brasil entre os anos 1955 e o início dos anos 60 foi abruptamente interrompido pelo golpe militar de março de 1964. A gestão foi caracterizada pela tutela do Estado nas questões civis através de estruturas hierarquizadas e centralizadas para a área social, e nesse sentido foram criados o Instituto Nacional de Previdência Social, o Banco Nacional de Habitação, o Movimento Brasileiro de Alfabetização, entre outras instituições. Além da criação de ONGs, surgem neste período os movimentos sociais para se contraporem à ditadura, o que fez com que a repressão acabasse colaborando para a constituição de uma sociedade civil um pouco mais bem-estruturada.

A Reforma Administrativa de 1967

A reforma estabelecida através do Decreto-Lei 200, de 1967, pode entendida como a primeira tentativa de implantação da administração gerencial no País. Ela rompia com a rigidez burocrática, transferindo atividades para autarquias, fundações, empresas públicas e sociedades de economia mista. Foram instituídos, como princípios de racionalidade administrativa, o planejamento e o orçamento, entre outras medidas. Procurou-se, pela via da administração indireta ampliada, dar maior velocidade operacional às atividades econômicas do Estado.

No entanto, este modelo não conseguiu alterações significativas na administração burocrática central, proporcionando a existência de paradoxos de eficiência e competência na administração indireta e a forma arcaica e ineficiente da administração central.

Esse quadro foi atenuado nos anos 1970 com a criação da Secretaria de Modernização, a qual procurou implantar novos métodos de gestão, o que redundou na criação do Ministério da Desburocratização e do Programa Nacional de Desburocratização, no início da década de 1980.

A Institucionalização da Sociedade Civil

O período de autoritarismo encerra-se em 1985, e no período de transição de 1985 a 1988, foi promulgada uma nova Constituição Federal que procurou restabelecer as bases legais para o livre exercício da democracia. Foi deflagrado um processo de municipalização da gestão pública, procurando-se uma maior participação da sociedade e institucionalização de garantias do cidadão tais como o Estatuto da Criança e do Adolescente, Estatuto do

Idoso, Código de Defesa do Consumidor, entre outros.

No entanto, conforme Matias-Pereira (2008), houve um enorme retrocesso na modernização da Administração Pública, dado que acordos políticos espúrios propiciaram um rateio dos cargos públicos, o que fez retornar fortemente um novo populismo patrimonialista e burocrático, tendo contribuído com isso para um desmedido e desnecessário crescimento da estrutura do Estado.

Uma Constituição Federal forte nos aspectos sociais enfraqueceu em demasia os aspectos institucionais, retirando a autonomia do Poder Executivo, impondo um regime jurídico único para os servidores civis da União, dos Estados e dos municípios, bem como suprimiu da administração indireta a sua flexibilidade operacional na medida em que atribui às fundações e autarquias públicas normas de funcionamento iguais às que regem a administração direta.

O Período de 1990-2010

Na busca de soluções para melhorar a eficiência do setor público o governo Collor (1990-1992), de forma atabalhoada e com evidente falta de conhecimentos jurídicos, propôs reduzir o tamanho da máquina estatal, o que redundou num empobrecimento e enfraquecimento do setor público. Após o seu impedimento, assume o vice-presidente Itamar Franco, que procurou recompor os salários dos servidores, que haviam sido drasticamente reduzidos.

Pode-se verificar que a questão de reformas administrativas volta a entrar na agenda governamental só a partir de 1994. Com a eleição de Fernando Henrique Cardoso, reinicia-se o processo de mudança organizacional e cultural da Administração Pública, e em que pese dificuldades, também está presente na agenda do governo Lula.

O governo Fernando Henrique Cardoso (1995-2002) procurou adotar a administração gerencial com a reforma de Estado, tendo como princípios a desestatização, a flexibilidade, o foco no cliente, a orientação para resultados, construindo o Estado regulador, baseado num plano de adequação do Estado (Plano Diretor), e num plano de desenvolvimento (PPA 2000-2003), que foram obstruídos pela orientação dominante da necessidade de ajuste fiscal, e pelo imenso leque de coligações que teve que desenvolver para a sua reeleição, com a consequente lentidão na tomada de decisões.

Já o governo Lula procurou a revitalização do Estado, tendo como medidas orientadoras o efetivo papel do Estado na redução das desigualdades e promoção do desenvolvimento e, como princípios, a redução do déficit institucional, o fortalecimento da capacidade de formular e implementar políticas públicas. Os resultados do primeiro mandato (2003-2006) ficaram abaixo do esperado, principalmente em termos de eficiência, eficácia e efetividade, bem como na transparência e na ética da administração pública. No período 2007-2010 procurou superar as dificuldades, mas encontrou um cenário econômico internacional não tão favorável, tendo sido afetado pela crise internacional que eclodiu no sistema financeiro e imobiliário norte-americano, que se alastrou por todo o mundo. Mas, a grande dificuldade criada pelo seu próprio governo reside na sua tentativa de criar uma sociedade que se baseia na predominância de uma forma de capitalismo na qual governo e algumas grandes corporações, especialmente públicas, unem-se sob a tutela de uma burocracia permeada por interesses corporativos e partidários que o fazem se descolar da tradição democrática brasileira.

II.2 – Eficiência na Administração Pública

Nos últimos anos, o Brasil tem experimentado um complexo processo de reformas em sua estrutura decorrente da nova ordem econômica instalada no mundo: o neoliberalismo. Neste contexto, e para satisfazer interesses inerentes a uma administração pública moderna e gerencial, foi promulgada a Emenda Constitucional nº 19, de 4 de junho de 1998[5], que incluiu no ordenamento jurídico brasileiro, de forma expressa na Constituição Federal, o princípio da eficiência, alterando o seu artigo 37.

O princípio da eficiência foi incluído como um dos norteadores da administração pública, ao lado dos preceitos da legalidade, da finalidade, da motivação, da razoabilidade, da proporcionalidade, da moralidade, da ampla defesa, do contraditório, da segurança jurídica e do interesse público.

Os princípios determinam o alcance e sentido das regras, conforme salienta Meirelles (1998):

> "os princípios são as ideias centrais de um sistema, ao qual dão um sentido lógico, harmonioso, racional, permitindo a compreensão de seu modo de organizar-se. A enunciação dos princípios de um sistema tem a utilidade de ajudar o ato de conhecimento do sistema jurídico que o ordenam e possuem caráter normativo, pois são usados para resolverem casos concretos. Inegável que os princípios determinam o alcance e sentido das regras. São, pois, de hierarquia superior".

Como já argumentado, as decisões na administração pública, arraigadas à burocracia, além de mal utilizarem os recursos financeiros disponíveis, possuem enormes dificuldades na busca de soluções eficientes e eficazes em benefício dos cidadãos, tratando-os como meros pagadores de impostos e taxas.

---

5   A Emenda Constitucional número 19, no seu artigo 3º, diz o seguinte: Art. 3º. O caput, os incisos I,II,V, VII, X,...passam a ter a seguinte redação: "Art.37 – A administração pública direta e indireta de qualquer dos Poderes da União, dos Estados, do Distrito Federal e dos municípios, obedecerá aos princípios da legalidade, impessoalidade, moralidade, publicidade e eficiência e, ..."

Faz-se importante esclarecer que os órgãos estatais não são titulares pelo poder que lhes foi conferido pela Constituição. Como destaca Di Pietro (1999), "no exercício do poder não há qualquer direito subjetivo dos governantes, mas o dever de atuar conforme a competência que lhes foi atribuída".

De acordo com Moraes (1999), "é dever do administrador público agir de conformidade com o ordenamento jurídico, com a moral administrativa e com o princípio da boa administração".

O atendimento ao princípio da eficiência é uma das ferramentas que se pode exigir para melhor performance da administração pública, aspecto que merece melhor detalhamento quanto a vários tópicos que a ele se associam diretamente.

II.2.1 – Conceito de Eficiência

O princípio da eficiência, e sua utilização na administração pública brasileira, possuem concepções diferenciadas que ainda carecem de muitos estudos, aspectos que justificam a necessidade de deter-se um pouco mais nesse item. Representa inovação que merece atenção e tratamento especiais por reapresentar importante instrumento para fazer exigir a qualidade dos serviços e produtos advindos do Estado.

Meirelles (1998) referiu-se sobre a eficiência como um dos deveres da administração. Definiu-a como:

> "o que se impõe a todo agente público de realizar suas atribuições com presteza, perfeição e rendimento funcional. É o mais moderno princípio da função administrativa, que já não se contenta em ser desempenhada apenas com legalidade, exigindo resultados positivos para o serviço público e satisfatório atendimento das necessidades da comunidade e de seus membros."

Para Di Pietro (1999), o princípio apresenta dois aspectos, podendo tanto ser considerado em relação à forma de atuação do agente público, do qual se espera o melhor desempenho possível de suas atuações e atribuições, para lograr não só resultados melhores, como também em relação ao modo racional de organizar, estruturar, disciplinar a administração pública, idem quanto ao intuito de alcance de resultados na prestação do serviço público.

É senso geral que se deseja que os serviços públicos sejam realizados em conformidade com as necessidades da sociedade e que esta contribui, de forma efetiva e totalmente passiva, para gerar as receitas de que a administração pública necessita. Entretanto, a qualidade das obras e serviços executados pelo poder público tem sido alvo de grandes discussões e elevado grau de descontentamento por parte dos cidadãos.

A eficiência deveria ser sempre fator indispensável na atuação do administrador público, mas, no entanto, na maioria das vezes seus praticantes têm ficado muito aquém disso. Eficiência está intimamente ligada à economicidade, ou seja, o princípio de atingir objetivos traduzidos por boa prestação de serviços, do modo mais simples, mais rápido e econômico, tendendo a maximizar a relação custo/benefício do trabalho público.

Mesmo sem estar explícito em dispositivos anteriores, o princípio da eficiência estava presente na ordem político-jurídica, por ser consequência lógica do Estado de Direito organizado. Portanto, urge que a eficiência esteja totalmente interligada com razoabilidade e moralidade na administração pública, uma vez que o administrador público deve utilizar-se de critérios na realização de sua atividade discricionária, bem como urge definir critérios indicadores para se definir com maior precisão, para além dos discursos relativos, o significado da eficiência de um serviço público.

II.3 – Fatores Socioeconômicos da Mudança e Cidadania: Direito à Qualidade

Sendo um direito do cidadão e pré-requisito de boa governança[6], muitos países do mundo sempre assumem ações de inovação da administração pública. Em que pese o grande esforço de governantes brasileiros, a Administração Pública ainda tem muito de patrimonial e burocrática.

No Brasil, um processo de crescente esvaziamento da administração direta e descontrole da indireta tem tido lugar a partir dos anos 60, de tal forma que hoje existem, na esfera federal, mais de 100 autarquias, 40 fundações e 20 empresas públicas, sem contar as empresas estatais. Falta de plano de carreira e vários desestímulos ao mérito, acrescido de um crescente achatamento salarial, fizeram com que ocorresse um êxodo dos melhores quadros da administração direta em direção à administração indireta ou à iniciativa privada.

De outra parte, as desastradas reformas administrativas desorganizaram as mais altas estruturas da Administração Pública Federal, agravando a situação e produzindo, como resultado, a desmoralização a que foram expostos órgãos que constituíam centros de excelência na área pública federal. São nada menos que 45 as mudanças verificadas, nos últimos dez anos, nos organogramas e nas estruturas de ministérios e secretarias, com a fusão, criação, recriação ou extinção de órgãos, numa sistemática revestida de pontos negativos. (FAORO, 1984)

A falta de treinamento profissional do pessoal, a desorganização e a má distribuição interna são alguns dos fatores que produzem a falta de qualidade e de produtividade do serviço público. Para se tornar ágil e eficiente no atendimento dos anseios do cidadão-cliente (deixando de

---

6   Nota do autor: detalhar-se-á governança no capítulo 5 deste trabalho.

lado o tratamento de mero contribuinte), o Estado precisa dispor de uma estrutura profissionalizada, devolvendo ao servidor público sua dignidade, responsabilidade e criatividade; assim sendo, poderá, de fato, contribuir para a melhoria do bem-estar da população.

Uma reforma do Estado, embuída de seriedade e voltada para o princípio da eficiência, deveria ser empreendida de forma generalizada e urgente, tendo como principais diretrizes a unificação dos mercados de trabalho, a criação e consolidação de uma carreira de administradores públicos, a revisão do funcionamento do aparelho estatal e de seus mecanismos de controle e a redução do núcleo do próprio aparelho do Estado.

Quanto à unificação dos mercados de trabalho, cabe salientar que o setor público se caracteriza por reduzido leque de salários e excessiva estabilidade, fatores que interferem na motivação dos funcionários e repercute em sua produtividade. Já a iniciativa privada se caracteriza por um amplo leque salarial e a inexistência da estabilidade no emprego, fatores que, aliados a outros benefícios por desempenho, podem ter efeitos positivos sobre a qualidade do trabalho desenvolvido e da produtividade dos funcionários. Assim, visando um ganho na qualidade dos trabalhos prestados pelos funcionários públicos, a tendência aponta para a necessidade da incorporação de princípios inerentes à iniciativa privada, como a geração de premiações aos mais competentes ou dedicados, diversificação de faixas salariais, aumento do nível de remuneração, fatos que, na verdade, representariam a valorização do funcionalismo público através da reestruturação da carreira.

A criação e consolidação de uma carreira de administradores públicos de alto nível, com formação acadêmica em diferentes níveis, inclusive em nível de pós-graduação, devidamente remunerada para ocuparem os principais cargos de direção administrativa do Estado, é outro elemento fundamental quando se pensa na qualidade dos serviços públicos.

A revisão do funcionamento do aparelho estatal e seus mecanismos de controle é outro fator importante para ganhos nos serviços públicos. Tomando, por exemplo, a prática das grandes empresas, o princípio da hierarquia formal rígida deve ser abandonado e substituído pelos princípios da descentralização, da atribuição de responsabilidade a gestores competentes e do controle por resultados.

A moderna teoria de administração, tanto pública como privada, busca limitar a organização burocrática central a um pequeno núcleo de gestores, que se coordena com base no princípio da cooperação, ao invés do princípio da hierarquia e do regulamento. Fora desse núcleo burocrático estão os trabalhadores, organizados em células de produção, e o setor terceirizado, cujas atividades são avaliadas e controladas pelos resultados alcançados e pela competitividade do mercado.

Também a redução do núcleo do próprio aparelho do Estado interfere positivamente na busca de um serviço público de qualidade. Para a consecução desta diretriz, pode-se dispor de dois instrumentos: a privatização, que consiste na transferência para o setor privado das atividades produtivas voltadas para o mercado; e o desenvolvimento de organizações públicas não-estatais, voltadas para o interesse público, que não visam a lucro e nem agem exclusivamente segundo os critérios do mercado. Estas organizações são especialmente necessárias nas áreas de educação, de saúde, da cultura, das obras sociais e da proteção ao meio ambiente.

Adam Smith, no livro A riqueza das nações, publicado em 1776, desejando melhor explicar o processo de trocas internacionais, afirmou que não bastava puramente a motivação para a sua realização, mas para a efetividade legal do contrato, algo mais seria necessário, e este algo mais seriam as instituições.

As instituições são essenciais, e as leis são necessárias no processo de ordenamento dos mercados. Mas, além das instituições encontram-se os valores morais aceitos por todos, que garantem o perfeito e o permanente relacionamento entre indivíduos e instituições.

O cidadão tem o direito a um serviço público de qualidade e de bons resultados. Todos os Poderes do Estado devem observar a eficiência nas funções, prerrogativa inclusive estabelecida por força de lei (artigo 37 da Constituição Federal).

Com a nova ordem constitucional, a sociedade pode invocar a cidadania para cobrar a qualidade no serviço público. Através de ação civil pública para defesa de interesses difusos ou coletivos, o Ministério Público poderá instaurar, sob sua presidência, inquérito civil, ou requisitar, de qualquer organismo público ou particular, certidões, informações, exames ou perícias.

Na ação que tenha por objeto o cumprimento de obrigação de fazer ou não fazer, o juiz determinará as necessárias correções no cumprimento da prestação da atividade devida ou a cessação da atividade nociva, sob pena de execução específica, ou de cominação de multa diária, se esta for suficiente ou compatível, independentemente de requerimento do autor, ou ainda de ressarcimento aos cofres públicos dos valores recebidos indevidamente.

Assim, provimento judicial pode determinar que a Administração Pública execute reparação de obra ou serviço prestado sem qualidade. Para isto, se vale o Judiciário de informações colhidas para formar a prova.

A eficiência, hoje princípio da Administração, é de observância obrigatória pelos administradores. O parágrafo terceiro do artigo 37 da Constituição Federal preconiza que lei regulamentará formas de participação dos usuários na administração pública direta e indireta com previsão de reclamações relativas à prestação de serviços, de iniciativa de qualquer cidadão, além de avaliações periódicas externas e internas, acessos a registros administrativos e direito à informação sobre atos do governo. E isso está disposto no artigo 5º da Constituição Federal, que disciplina da representação contra exercício negligente e abusivo no exercício de cargo, função ou emprego público.

O pacto social, vislumbrado por Rousseau apud Faoro (1984), traz até hoje seus fundamentos: o Estado é constituído para satisfazer a coletividade; as cidades só existem para propiciar o bem do homem; quando os princípios estão estabelecidos, a máquina deve funcionar e cumpre localizar o poder as decisões em conformidade com a lei; os associados escolhem um soberano e dão-lhe poderes para administrar o coletivo; a passagem do estado de natureza ao estado civil faz surgir no homem o instinto pela Justiça, e conferindo às suas ações a moralidade que lhe faltava antes.

II.4 – A Indispensável Profissionalização da Administração Pública

As novas estratégias para uma eficiente, eficaz e efetiva administração pública devem estar voltadas para o que ora tanto se difunde através da mídia brasileira, ou seja capacidade de promover o **desenvolvimento sustentável**, o que de acordo com a Comissão Brundtland de 1987, **é definido como sendo o desenvolvimento que possa satisfazer as necessidades presentes, sem comprometer as possibilidades de satisfação das gerações futuras**.

As tendências do cenário desta primeira década do século XXI demonstram que o capitalismo financeiro mundial sobrepuja o nacional, do especulador sobre o administrador e do financista sobre o produtor. (MATIAS-PEREIRA, 2008).

Daí nasce um novo equilíbrio de poder no mercado, fazendo surgir no cenário mundial o BRIC (Brasil, Rússia, Índia e China) ou os BRIAS (Brasil, Rússia, Índia e África do Sul). Ao mesmo tempo em que surgem estes novos atores no cenário mundial, esse mesmo cenário se torna ainda mais complexo e desafiador, com acentuação às desigualdades de renda, mudanças climáticas rigorosas, e, pior, escassez de recursos naturais.

Isso tudo passa a exigir uma nova postura das instituições governamentais, não governamentais e, claro, dos administradores públicos, exigindo maior capacidade de resposta do Estado, por meio da Administração Pública, às demandas da sociedade.

O mundo contemporâneo passa a exigir que a principal função da Administração Pública seja a de ampliar, de forma sistêmica, as oportunidades individuais, institucionais e regionais, estimulando a incorporação de novas tecnologias, criatividade e inovação na gestão pública.

Torna-se indispensável uma modernização da máquina administrativa em nível federal, estadual e municipal, exigindo que os detentores do poder tenham que a alcançar níveis nunca antes exigidos de eficiência, eficácia e efetividade.

A distância nas relações entre a Administração Pública e seus usuários tem como motivador o atendimento deficiente ao cidadão. Estes, além de demonstrarem um nível cada vez maior de insatisfação com a qualidade do atendimento, passaram a exigir muito mais a prestação de serviços de qualidade.

As razões para esta crescente insatisfação com os serviços prestados passam, sem dúvida, pela ineficiência e ineficácia do atendimento fundamentadas pela forte ausência do conhecimento e a enorme resistência às mudanças que envolvem novas ferramentas necessárias para a melhoria do atendimento.

O Novo Administrador Público necessita de uma visão holística da Administração Pública e, para tal, ele deve receber um treinamento que o torne um generalista, com conhecimentos de economia, finanças públicas, contabilidade pública, controladoria, recursos humanos, comunicação, *marketing* público, planejamento estratégico, normas jurídicas e políticas públicas.

Entre as habilidades e conhecimentos citados anteriormente, destaque-se o planejamento, que traz a transição do tradicional planejamento normativo adotado até aqui pelas organizações estatais para o direcionamento ao planejamento estratégico que nos dias atuais já é discutido e começa a ser implantado por essas organizações.

Segundo Matus (1993), "a ação do Estado tem que ser uma ação que sabe para onde vai, tem que ser uma ação precedida pelo pensamento, mas um pensamento sistemático e com método". O pensamento estratégico e a gestão estratégica têm sido as respostas mais assertivas para o correto atendimento às expectativas do cidadão-cliente.

O planejamento possibilita a coordenação de diversos projetos, ações e diferentes pessoas, possibilitando a utilização racional dos escassos recursos e o aumento da responsividade ao lidar com mudanças. O planejamento deve ser entendido como um processo interativo que se desdobra em diferentes etapas as quais racionalizam o processo decisório.

Assim sendo, o pensamento e o planejamento estratégico devem dirimir, quanto ao processo decisório, tensões e conflitos decorrentes de questões estruturais, bem como dar coerência ao processo, buscando a otimização da equação custo-efetividade.

Fazer mais com menos trará como ótima consequência uma maior capacidade de investimento no setor público. O planejamento deve ser visto como um conjunto de ações interligadas e complementares, realizadas nas diferentes instâncias governamentais, visando alcançar determinado objetivo, envolvendo uma série de atividades que vão manter e alimentar esse ciclo contínuo, entre as quais estão estudos, decisões estratégicas que envolvem estabelecimento de prioridades, a formulação de planos e programas, bem como o acompanhamento e controle de sua execução. É importante ressaltar que o planejamento pressupõe técnicas de previsões que possam possibilitar antever novas situações que podem influir no desenvolvimento normal do processo.

Para tanto, deve explicitar uma forma de ação contínua, permanente e sistemática que ao longo de seu desenvolvimento incorpore a atuação conjunta de diversos setores da Administração Pública – ações intersetoriais que serão abordadas no capítulo 4 deste trabalho – e, também, que considerem a existência de uma base de dados, bem como de recursos materiais, financeiros e humanos que apóiem sua execução. Isto deve fazer parte indispensável da maior profissionalização na Administração Pública, tornando-se como proposta consistente para a execução de políticas públicas, contribuindo para uma melhor organização dos serviços públicos em termos quantitativos e qualitativos, atentando para a sua instrumentação econômico-financeira, avaliando os processos de redução das desigualdades sociais, zelando pela equidade de oportunidade.

Este processo exige vontade política dos governantes de priorizar investimentos em infraestrutura, máquinas, equipamentos e capital humano, investindo fortemente no processo de seleção e formação continuada de gestores públicos.

Desta forma, o pensamento e o planejamento estratégico passam a constituir, de forma permanente, ponto indispensável na profissionalização, e uma função do Novo Administrador Público, deixando de ser um instrumento que poderia ou não ser utilizado, de acordo com a maior ou menor vontade dos dirigentes públicos, passando a ser um mecanismo jurídico para estabelecer bases de avaliação da conformidade ao princípio constitucional da eficiência administrativa no atendimento do desenvolvimento econômico e social, pois planos de trabalho, após sua aprovação, adquirem características jurídicas que estabelecem direitos e obrigações, além de autorizar a realização de despesas.

POR MELHOR QUALIDADE DOS SERVIÇOS PÚBLICOS

III.1 - OS ATOS DISCRICIONÁRIOS E A QUALIDADE DOS SERVIÇOS PÚBLICOS

Cabe a um administrador público decidir, entre várias alternativas, a que melhor representa solução para uma questão posta, decisão essa que será influenciada pelo princípio da eficiência, já que deve respeitar o princípio inserido pela Emenda Constitucional 19. Imporá o princípio da eficiência a adoção da melhor opção? Na visão de Harger (1999), a resposta é sim, pois, para ele, é esta a grande utilidade do princípio, o ato ficará eivado de invalidade se houver desrespeito a este entendimento. Reafirma que não se pretende eliminar a discricionariedade, mas impor limites a um instituto que tem sido considerado um "terreno melindroso".

Atuando sempre objetivando a solução mais eficiente, desde a Emenda 19, o administrador ficará adstrito a qualidade. Deverá observar que o mérito administrativo agora é compromissado com a melhor forma de solução, com verdadeira obrigação de optar pelo meio mais eficiente, virtude de produzir efeito mais rápido, perfeito de acabamento, e com pouco custo para a administração.

III.2 Como Obter a Qualidade nos Serviços Públicos

A velocidade das mudanças quanto ao acesso às informações, à elevação do nível de educação e de cidadania contribuem para aumentar a pressão por uma gestão pública moderna que possa oferecer serviços de qualidade. O atendimento correto para que tal nível de demanda se torne muito mais qualitativo na prestação de seus serviços, criará uma cultura empreendedora na Administração Pública voltada para a melhoria da qualidade da oferta de serviços para a população.

Sempre ocorreram distorções na administração pública com os consequentes transtornos aos cidadãos. As reclamações referentes à má qualidade no atendimento e na prestação do serviço sempre foram a tônica quando surgem discussões referentes aos agentes da administração. Os sistemas de avaliação devem ser, portanto, um dos elementos fundamentais para acrescentar qualidade crescente a qualquer processo dinâmico e contínuo.

A avaliação deve ser preocupação permanente dos dirigentes do governo que devem confrontar a performance de todos os funcionários tendo a coragem de buscar no mercado aqueles cujo perfil melhor se enquadrem ao modelo adotado e que representem ganhos efetivos para a qualidade dos serviços prestados. Pode, inclusive, optar por passar a atividade para o mercado ou contratar empresas para, num regime de competição, atuarem simultaneamente com o setor público, objetivando verificar qual deles atua de modo mais eficiente e eficaz.

A experiência tem demonstrado que a reserva de mercado para o setor público, para atividades que não sejam típicas de Estado, aliada à ausência de chefias comprometidas com a eficiência, são fatores que concorrem para o seu atraso, características que cristalizam, cada vez mais, a convicção de que a verdadeira reforma do Estado deve vir, em parte, da mudança de postura do seu corpo dirigente.

A parceria e a terceirização são comuns na administração pública de hoje. O Estado diminuiu seu tamanho com as privatizações e com a terceirização de alguns serviços e atividades, fazendo com que a iniciativa privada assumisse aqueles encargos não exclusivos da atividade típica estatal.

O legislador fez incluir a eficiência no rol dos princípios da administração pública, dado o reconhecimento da precariedade na atuação dos seus órgãos e agentes. O fim primordial do aparelho estatal é servir ao público, de forma satisfatória, pautada sempre em requisitos mínimos que demonstrem e garantam controle de qualidade.

A melhor prova de que a eficiência na Administração Pública passou a ser imperativa está no parágrafo terceiro do artigo 37, incluído pela Emenda Constitucional 19. Diz ele que "a lei disciplinará as formas de participação do usuário na administração pública direta e indireta, regulando especialmente as reclamações relativas à prestação dos serviços públicos em geral, asseguradas a manutenção de serviços de atendimento ao usuário e a avaliação periódica, externa e interna, da qualidade dos serviços; o acesso dos usuários a registros administrativos e a informações sobre atos de governo (observado o disposto no art. 5º, X e XXXIII); a disciplina da representação contra o exercício negligente ou abusivo de cargo, emprego ou função na administração pública. Surgirá, assim, um "Código de Defesa do Usuário" para garantir meios de cobrança da qualidade nos serviços executados pela Administração, à semelhança do que ocorre com o Código de defesa do Cidadão, na esfera civil.

Como já destacado no item precedente a este, o desenvolvimento da função de dirigir tornou-se, sem qualquer dúvida, indispensável para a qualidade na prestação de serviços públicos.

No tocante à qualidade de serviços, o uso de tecnologias que possibilitem estabelecer e comparar indicadores é uma forma de diagnosticar pontos de melhoria.

A utilização das técnicas de *Benchmarking* estimula e orienta as mudanças para a melhoria das organizações que envolvem um processo de aprendizado. Isto pode ser realizado de duas maneiras:

a. Identificando resultados excelentes, geralmente mensurados através de métricas ou indicadores que servirão de estímulo para os esforços de melhoria e darão uma garantia de que, através de esforços inteligentes, tais resultados poderão ser igualados;

b. Identificando as chamadas "melhores práticas", que, geralmente, com algumas adaptações à cultura e às peculiaridades locais, podem servir de referência para uma mudança que leve a melhores resultados.

Neste processo podem ser analisadas diversas áreas da Administração Pública através de indicadores já existentes, desde que haja similaridades.

Outro instrumento que trará sensíveis melhorias na qualidade dos serviços públicos é o *Balanced Scorecard (BSC)*.

O BSC destina-se a estilos de gestão modernos e orientados à estratégia, pressupondo, portanto, a existência de um pensamento e um planejamento estratégico. Num ambiente de escassez de recursos, torna-se imperativo mostrar objetivos consistentes com a estratégia traçada e suficientemente atrativos para apoiar os gestores públicos nas suas proposta e tomadas de decisão.

No âmbito da Administração Pública, as preocupações da gestão estão frequentemente associadas mais aos riscos de não cumprimento das variadas normas legais do que aos critérios de gestão objetiva. Não é fato raro serem apresentados projetos milagrosos carentes de metas quantitativas que possam proporcionar avaliação criteriosa de cada um deles.

O BSC pretende ampliar a visão e o planejamento dos sistemas de controle para além dos indicadores financeiros, a saber:

* Informação financeira e não-financeira
* Informação externa e interna
* Informação constante sobre o desempenho organizacional
* Informação sobre os resultados atuais e futuros da organização

O que diferencia o BSC dos demais sistemas gerenciais não é a existência de medidas não-financeiras, mas o fato de que "os objetivos e medidas do BSC derivam da visão e da estratégia da organização" (DUMONT ET ALI, 2006).

Mas, o BSC aplicado à Administração Pública não negligencia as medidas financeiras, ampliando-as para se poder medir os objetivos financeiros, monitorados como uma das condições geradoras de progresso na construção de capacidades e na aquisição dos ativos intangíveis indispensáveis para o crescimento futuro. As outras três perspectivas do BSC, além da financeira – da sociedade como cliente, de processos internos e de aprendizado e crescimento – destinam-se a gerenciar tais ativos intangíveis.

Pode-se descrever cada uma das três perspectivas da seguinte forma: a) da sociedade como cliente, na qual são identificados os segmentos nos quais se atuará, e as medidas de desempenho nestes segmentos-alvo; b) dos processos internos nos quais são identificados em que a organização deve ser excelente; c) de aprendizado e crescimento identificando a infraestrutura que a organização deve manter para gerar crescimento e melhoria da qualidade a longo prazo, envolvendo assim, pessoas, sistemas e procedimentos organizacionais.

Assim sendo, vale ressaltar que o BSC trabalha com medidas de curto prazo (perspectiva financeira), aliadas às de longo prazo (perspectivas do cliente, de processos internos e de aprendizado e crescimento).

Há uma total interdependência entre as medidas de resultados e os vetores de desempenho. Sem os vetores de desempenho, as medidas de resultados não mostrariam como os resultados foram alcançados e nem se a estratégia terá sucesso. Por outro lado, os vetores de desempenho sem as medidas de resultados mostrariam apenas uma melhoria operacional e não se essas melhorias se traduzem em expansão das atividades e serviços prestados.

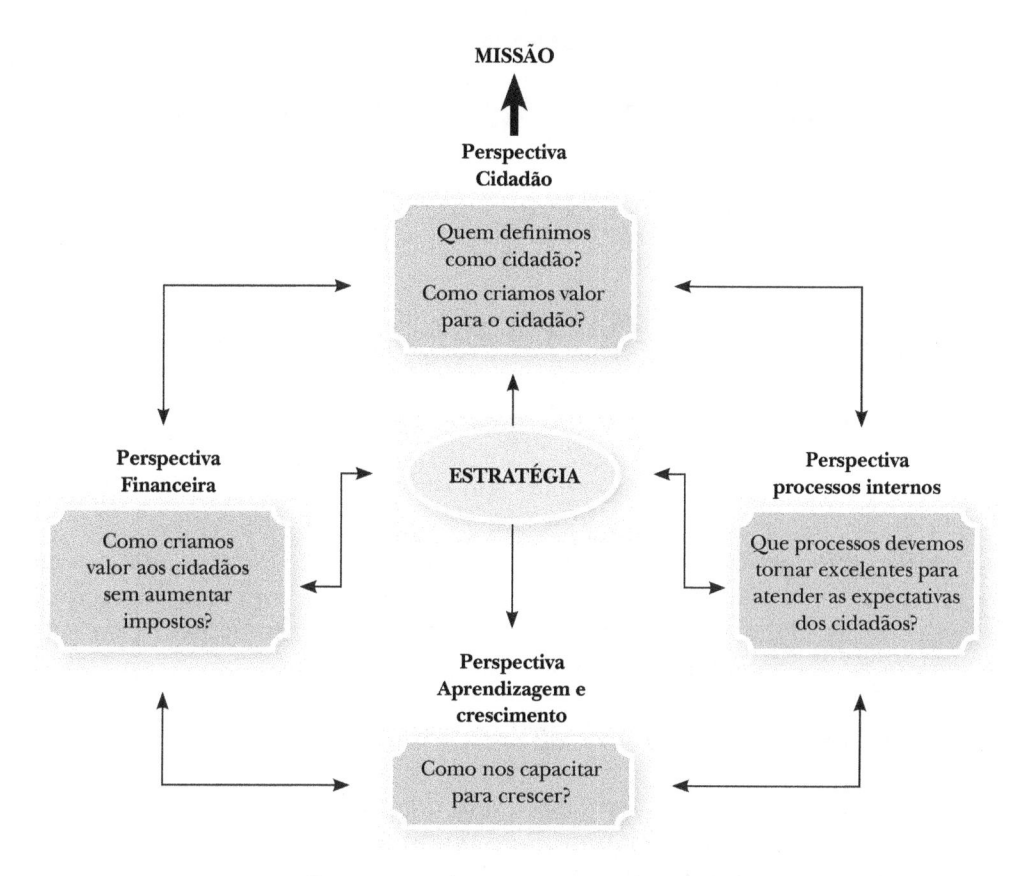

```
                        MISSÃO
                          ↑
                     Perspectiva
                       Cidadão

                   ┌─────────────────┐
                   │ Quem definimos  │
                   │ como cidadão?   │
                   │ Como criamos valor│
                   │ para o cidadão? │
                   └─────────────────┘

  Perspectiva                              Perspectiva
  Financeira         ESTRATÉGIA         processos internos

┌─────────────┐                          ┌─────────────────┐
│Como criamos │                          │Que processos devemos│
│valor aos cidadãos│                     │tornar excelentes para│
│sem aumentar │                          │atender as expectativas│
│impostos?    │                          │dos cidadãos?    │
└─────────────┘                          └─────────────────┘

                     Perspectiva
                   Aprendizagem e
                     crescimento

                   ┌─────────────────┐
                   │ Como nos capacitar│
                   │ para crescer?   │
                   └─────────────────┘
```

FIGURA 3.1 – As quatro perspectivas do BSC.

Pode-se ainda, sem dúvida, incluir no ferramental de melhoria da qualidade de serviços o Ciclo de Deming ou Ciclo PDCA. Tal ferramenta foi desenvolvida por Walter Shewart, na década de 1920, mas tornou-se conhecida como Ciclo de Deming a partir de 1950 por ter sido Edward Deming seu grande difundidor.

Analisae; Atualizar — **A** — **P** — Planejar

Controlar — **C** — **D** — Dirigir; Executar

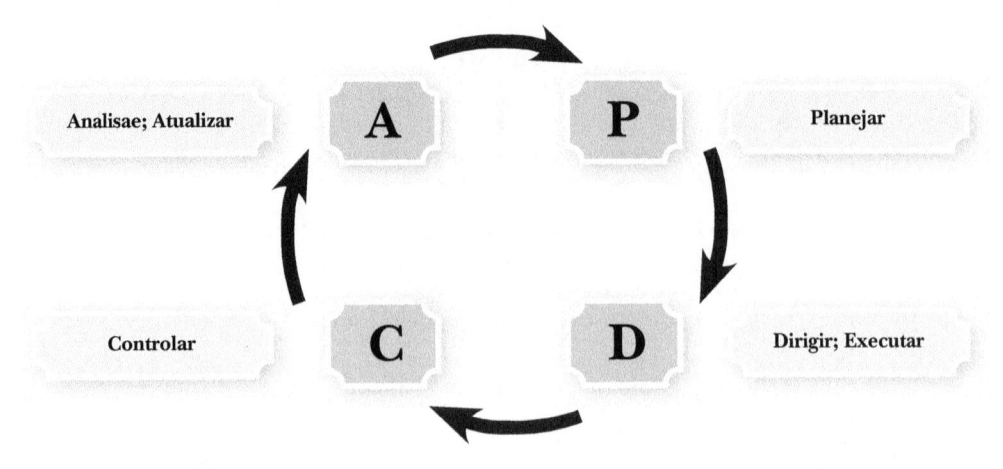

FIGURA 3.2 - Ciclo de Deming

Este método PDCA visa controlar e conseguir resultados eficazes e confiáveis nas atividades da organização. Este ciclo está composto de quatro fases básicas: Planejar, Executar, Verificar e Atuar corretivamente, e deve ser implementado em quatro etapas, a saber:

ETAPA 1 – TRAÇAR UM PLANO (PLAN)

Esta etapa é executada com base nas diretrizes (missão e visão) da organização, e envolve três importantes pontos:
* estabelecer os objetivos;
* estabelecer o caminho para atingi-los;
* decidir quais métodos devem ser utilizados para conseguí-los.

ETAPA 2 – EXECUTAR O PLANO (DO)

Esta etapa deve estar fundamentada no seguinte:
* treinar no trabalho o método a ser empregado;
* executar o método;
* coletar os dados para verificação do processo

ETAPA 3 – VERIFICAR OS RESULTADOS (CHECK)

Nesta etapa, verifica-se o processo e avaliam-se os resultados obtidos da seguinte forma:
* verificar se o trabalho está sendo realizado de acordo com o padrão planejado;

* verificar se os valores medidos variam e comparar os resultados com o padrão;
* verificar se os itens de controle correspondem aos valores dos objetivos.

Etapa 4 – Fazer ações corretivas (Act)

Aqui se deve agir com base nos resultados da etapa 3
* se o trabalho desviar do padrão, agir para corrigi-los;
* se um resultado estiver fora do padrão, investigar as causas e tomar ações para prevenir e corrigi-lo;
* melhorar o sistema de trabalho e o método.

Os quatorze princípios de Deming podem e devem, também, ser aplicados à gestão pública na busca de melhorias na qualidade de serviços, e eles, já adaptados para a Administração Pública, são os seguintes:
* Deve ser estabelecida uma constância de propósitos para a melhoria do serviço;
* Adotar-se nova filosofia, pois estamos numa nova era econômica e, dessa forma, assumir liderança no processo de mudanças.
* Deixar de depender de uma fiscalização para atingir a qualidade, introduzindo a qualidade de serviço desde o primeiro estágio.
* Cessar a prática de aprovar orçamentos com base no preço; ao invés disso minimize o custo total dos serviços.
* Aperfeiçoar constantemente o sistema de prestação de serviços de modo a melhorar a qualidade e a produtividade, reduzindo de forma sistemática os custos.
* Instituir treinamento no local de trabalho.
* Instituir liderança. O objetivo da gerência deve ser o de ajudar pessoas e o ferramental tecnológico a executarem um trabalho melhor.
* Eliminar o medo de forma que todos trabalhem em prol da eficácia da organização.
* Eliminar as barreiras entre os setores. As pessoas devem trabalhar em equipe e de forma intersetorial.
* Eliminar lemas, exortações e metas para que zero defeitos sejam alcançados.
* Eliminar quotas de produção substituindo-as por administração por processos.
* Remover barreiras que impedem que o colaborador possa orgulhar-se de seu desempenho.
* Instituir um processo de educação continuada.
* Engajar todos da organização nos processos de mudanças.

III.3 – Transparência, Informação e Controle social

Não há um tratamento bibliográfico adequado quanto à questão da disponibilização da informação, de uma forma correta e objetiva, ao cidadão-cliente. Tem sido desenvolvido um esforço muito grande no sentido de conferir transparência aos atos da administração pública. A sociedade civil brasileira tem evoluído razoavelmente nestas últimas duas décadas, e tem conseguido fazer pressões bem-sucedidas sobre os gestores públicos. De outro lado, valendo-se da tecnologia da informação, a administração pública tem feito um esforço enorme no sentido de se tornar mais transparente, criando condições mais favoráveis ao chamado controle social sobre os atos dos agentes governamentais nos três níveis da administração.

Tanto no que diz respeito à administração quanto à sociedade, até pela sua relevância e indispensabilidade, os esforços e transformações que visam aumentar os níveis de transparência, governabilidade e responsabilização dos dirigentes públicos brasileiros requerem uma análise mais detalhada. Mas, antes de se detalhar as principais ações que resultaram em inegáveis progressos neste processo, é necessário citar alguns problemas que este tema enseja.

No sentido macro, a transparência e a disponibilização da informação no setor público envolvem, entre outros, dois grandes objetivos: atacar o grave problema da corrupção e propiciar o aperfeiçoamento constante das ações governamentais. No setor público, a corrupção, uma dimensão específica pela virulência com que se tem manifestado e pelo aspecto cruel que essa prática assume, deixa desprotegida a maior parte da população que muito depende da ação estatal. Com o aumento da transparência das ações governamentais, os mecanismos de controle social (controle exercido pelos cidadãos) serão aumentados, com resultados altamente relevantes sobre a responsabilização dos governantes, o que levará à diminuição dos níveis endêmicos de corrupção praticados no setor público.

Por outro lado, se a circulação da informação for mais intensa, maiores serão as chances para a implantação de políticas públicas mais justas, eficientes e eficazes. A ampla difusão da informação trará, também, maiores oportunidades para o cidadão-cliente interagir com os formuladores e executores, havendo assim maiores oportunidades para que as políticas públicas sejam aprimoradas.

Por este prisma, a transparência, a disseminação e o maior acesso à informação podem ser consideradas como importantes mecanismos para aprimorar a implementação de políticas públicas e, também, para amenizar e diminuir as mazelas causadas pela corrupção. Apesar disso, há o contraponto que é a falta de tradição cultural, de envolvimento e de meios adequados disponíveis para que a sociedade consiga discutir assuntos que ora não domina de forma completa e, também, de difícil solução.

Embora eficaz e indispensável, a dúvida quanto à eficácia do controle social respalda-se na nossa herança histórica de uma sociedade civil cujo envolvimento em estruturas de participação propicie que se cunhe a expressão de "sociedade desorganizada".

Outro aspecto crucial é relativo ao caráter assimétrico da informação, ou seja, atores políticos em situações diversas recebem informações diferenciadas, em decorrência de suas posições estratégicas. O acesso à informação é dificilmente igualitário, até por assimetrias das próprias mídias impressas, televisivas e radiofônicas, gerando assim resultados diferenciados quanto à divulgação, acesso e processamento da informação, implicando em ações estratégicas com níveis variáveis de racionalidade coletiva.

No caso particular da administração pública, é possível sustentar que o administrador público está em posição tendencialmente mais estratégica e privilegiada, se comparada com a sociedade em geral, que tem muita dificuldade em entender o funcionamento da burocracia estatal. Entre os Poderes da União, pode-se afirmar que o Judiciário é mais hermético, se comparado com o Legislativo, e, até pelas suas funções precípuas, tem se esforçado para abrir-se mais vigorosamente para a sociedade civil. O Poder Executivo ocupa um lugar intermediário nessa abertura, com muitos avanços nos últimos anos do século XX, principalmente no tocante à publicização do acompanhamento orçamentário.

Sem dúvida, há uma transformação silenciosa em curso na administração pública brasileira no que se refere à utilização da tecnologia da informação, o que tem resultado em enormes ganhos quanto à transparência, agilidade, eficiência, economicidade e ganho de produtividade nas ações governamentais. E isto tem sido fruto de uma incorporação dos multimeios da comunicação, em especial do que se usa chamar de informática, constituindo o "governo eletrônico".

Em nível federal, podem ser destacados alguns avanços firmes, embora tímidos, que o governo eletrônico tem propiciado no cotidiano dos cidadãos e das repartições públicas, como, por exemplo, o portal oficial que reúne 21 mil *links* para páginas governamentais, disponibilizando 1.700 serviços nas esferas federal e estadual[7]. Outro exemplo ocorre com a Receita Federal, a qual estima que processou cerca de 30 milhões de declarações de imposto de renda em 2009. Outro exemplo tem sido a informatização das eleições brasileiras, que até se tornou até um paradigma para outros países. Vale citar, o portal Comprasnet[8], que a partir de 2001, centralizou todo o processo de compras da União, trazendo maior facilidade de acompanhamento e maior transparência às licitações federais.

Quanto ao Judiciário, cita-se o exemplo, em curso, no Estado de São Paulo, onde depoimentos de presos de alta periculosidade estão sendo tomados

---

7 Disponível em: <www.redegoverno.gov.br>

8 Ibidem

através de videoconferências, sistema este que, além de diminuir o risco no transporte de presidiários, traz ganhos de agilidade e economicidade. A entrada em vigor da Lei Complementar 100, de 4 de maio de 2000, denominada Lei de Responsabilidade Fiscal, resultou em um movimento considerável de disponibilização de informações de interesse público, estimulando bastante o controle social. No plano municipal, a recente institucionalização dos conselhos municipais tem servido para mitigar as deficiências encontradas na área da tecnologia da informação. Voltados para a fiscalização dos repasses federais e estaduais, foram criados vários conselhos em todos os municípios brasileiros, os quais são formados por representantes de inúmeras instituições da sociedade civil organizada.

A tabela 3.1 traz a quantidade de conselhos municipais existentes no Brasil em 2001 distribuídos pelas áreas de atuação. Uma análise qualitativa sobre o funcionamento desses conselhos ainda precisa ser realizada. Em alguns casos é possível que, por serem obrigatórios, eles existam meramente para cumprir uma formalidade legal. Questões como a composição, a autonomia e a frequência das suas reuniões devem ser analisadas de forma detalhada para se ter uma ideia real do poder e da influência desses conselhos.

TABELA 3.1 – Quantidade de conselhos municipais brasileiros por setor de atuação.

SETOR OU ÁREA DE ATUAÇÃO DOS CONSELHOS	QUANTIDADE
Educação	4.072
Saúde	5.426
Assistência Social	5.178
Direitos da criança e do adolescente	4.306
Emprego/trabalho	1.886
Turismo	1,226
Cultura	734
Habitação	628
Meio ambiente	1.615
Transporte	270
Política urbana	334
Promoção do desenvolvimento econômico	924
Orçamento	271
Outros	1346
TOTAL DE CONSELHOS	28.216

Fonte: IBGE (Instituto Brasileiro de Geografia e Estatística) [9].

Mesmo que se reconheça que os conselhos não representam um tiro certeiro contra o patrimonialismo e o clientelismo que caracterizam ainda boa parte das políticas públicas, certamente o seu funcionamento tem desempenhado um importante papel no sentido de combater esses males que há séculos afligem a sociedade brasileira.

---

9 Disponível em: <www.ibge.gov.br>

É certo que, quando há a deliberada vontade de fraudar e esconder as informações de interesse social, o principio da publicidade, imposto pela Constituição Federal, é o primeiro a sucumbir. A obrigatoriedade, depois da Constituição Federal de 1988, da emissão de Plano Plurianual, a existência da Lei de Diretrizes Orçamentárias e da Lei de Orçamento Anual, nos três níveis da administração pública, representam mais um avanço no campo da democratização da informação e transparência, favorecendo as ações de controle social.

O impedimento de um Presidente da República, as cassações de senadores, deputados federais, estaduais e vereadores, a prisão do Governador do Distrito Federal, os vários processos tramitando pelas instâncias do Ministério Público e a atuação da imprensa brasileira, não deixam dúvidas de que se estão processando mudanças significativas na sociedade brasileira, as quais implicam na transformação e abertura do Estado brasileiro, no sentido de serem asseguradas políticas públicas transparentes, éticas, eficazes, eficientes e de economicidade visível.

Tudo isso não pode significar que devam ser abandonados os esforços no aprimoramento das políticas públicas no sentido de aperfeiçoar sua transparência e aumentar o controle social, sendo que para tal ainda faltam melhor qualificação, aparelhamento tecnológico e modernização da área governamental, de forma a superar os traços do viés patrimonialista da administração pública brasileira.

Sem dúvida registram-se avanços e recuos na busca do aperfeiçoamento da administração pública brasileira. Os elementos da política de gestão pública, foco principal da administração gerencial, alinhadas a projetos políticos de desenvolvimento econômico e social, estiveram sempre sujeitos a duas correntes restritivas atuantes nas reformas até vistas no Brasil. A primeira está intimamente ligada aos condicionamentos estruturais da sociedade, já que reformas administrativas não são produzidas num vácuo político-social. A segunda é decorrente da natureza íntima dos sistemas de controle público.

Um entrave para se atingir níveis adequados de transparência e envolvimento social é a intenção recorrente de se buscar a diferenciação nos processos de aperfeiçoamento administrativo, o que leva cada governante procurar criar sempre novas unidades descentralizadas da administração central. Assim, em diferentes períodos, criam-se autarquias, fundações, agências executivas e reguladoras, além de novas empresas estatais.

Uma consideração de muito peso e importância, para validação do conceito ideal de uma reinvenção criativa da administração pública, é a sua plausibilidade moral, estabelecida na ética da ação, com o objetivo de que transgressões possam encontrar justificação normativo-moral, de forma a poder qualificar o ilícito legal não como um ilícito ético-moral.

A discussão ética se impõe na compreensão do administrador público, seja ele eleito pelo voto popular ou politicamente designado.

Nesse sentido, há a ação de discrição administrativa associada à atividade política do burocrata, que dificilmente vem a conhecimento público ou mesmo é identificada com clareza pelos próprios participantes do processo. Segundo Rohr (1988):

> "por discrição administrativa entendo a atividade discricionária dos burocratas, por meio da qual eles aconselham, relatam, respondem, aplaudem, desencadeiam, informam, questionam, advertem, reclamam, encorajam, censuram, promovem, retardam, põem obstáculos e mediam, de uma forma que tem impacto sobre o que vem a se chamar de política de ação. Todas as atividades podem ser altamente discricionárias, embora possam não ser reconhecidas como discrição administrativa numa obra de direito administrativo".

III.4 – Pensar o Desenvolvimento a Partir do Município

Para um desenvolvimento econômico sustentado, devemos contemplar não apenas o crescimento do produto interno bruto, como também a realização de avanços na qualidade de vida, na equidade, na democratização, na participação cidadã e na proteção ao meio ambiente.

O desenvolvimento das regiões e municípios, antes pensado como simples parte de uma matriz de insumo-produto nacional, adquiriu forte e crescente importância, na medida em que, na ordem econômica internacional hoje hegemônica, regiões e municípios tornam-se atores tão significativos quanto os Estados nacionais. Os governos centrais necessitam, cada vez mais, rever suas funções, antes definidas como construtores de nações unificadas e homogêneas em termos econômicos e culturais, para assumirem o papel de agentes reguladores, parceiros e estimuladores do desenvolvimento endógeno das sociedades regionais e locais. Uma série de ações são exigidas dos gestores a fim de planejar, implementar e avaliar projetos estratégicos de desenvolvimento endógeno em suas comunidades.

Durante os anos 1950 e 60, quando o país acelerou o seu processo de industrialização, tinha-se como certo que o desenvolvimento de um país dependia do planejamento estatal e da capacidade do Estado impor, de cima para baixo, seus planos, programas e projetos ao conjunto da sociedade. Desenvolvimento era, acima de tudo, expandir a produção interna e a oferta de bens e serviços padronizados para o mercado doméstico, esperando que os efeitos multiplicadores dos investimentos sobre a geração de renda e emprego produzissem os resultados desejados em termos de equidade.

Entre as principais mudanças socioeconômicas, sociopolíticas e culturais que, a partir dos anos 90, afetaram essas formulações tradicionais sobre o desenvolvimento e os cenários em que ele se deve processar, podem ser destacadas:

* a acumulação de capital passou a depender, cada vez mais, da incorporação do valor agregado por inovações constantes nas tecnologias de produção, bem como da capacidade de aumentar, de forma sustentada, a participação de segmentos de mercado transnacionais;
* o enfraquecimento dos Estados nacionais, com o surgimento de formações políticas supranacionais e o fortalecimento de regiões e municípios, em decorrência da busca de sinergia no emprego dos fatores de produção, tornaram regiões e municípios importantes protagonistas da economia internacional;
* os avanços tecnológicos nas comunicações e nos transportes possibilitaram dividir os processos produtivos por fases e lugares, superando o modelo de grandes concentrações urbano-industriais e estimulando a descentralização, em termos espaciais, das cadeias produtivas;
* transpuseram-se para o governo e para a administração pública tecnologias de gestão e critérios de avaliação de desempenho utilizados pelas empresas privadas; velocidade, flexibilidade, resiliência, modernidade e competitividade tornaram-se palavras de ordem para regiões e cidades, implicando a necessidade de descentralizar estruturas decisórias entre os níveis de governo e dos governos para as empresas e sociedade civil;
* eliminaram-se as diferenças entre padrões de consumo de bens e serviços, assimilando-se o modelo oferecido pelos países mais ricos no que diz respeito à crenças, valores, instituições; o cosmopolitismo, antes exclusivo dos grupos privilegiados, difundiu-se por todas as camadas sociais;
* estabeleceu-se o tribalismo cultural, surgindo espaços de resistência nos quais grupos sociais procuraram construir e afirmar sua identidade e seus interesses singulares perante a comunidade; reforçou-se, com isso, o sentido de participação e a busca de formas de influir nas decisões coletivas que transcendem os limites da representação política tradicional; ao mesmo tempo, difundiu-se a percepção de que o bem-estar dos indivíduos está estreitamente associado às condições oferecidas pelo seu entorno.

Tais mudanças assinaladas reforçam-se mutuamente, determinando uma nova forma de administração pública, na qual se realça a importância da diferenciação, da cooperação, da participação e da obtenção de qualidade voltada para a municipalização de políticas públicas que possam fazer com que os atores sociais possam perceber melhorias em sua situação de vida, tanto no plano individual como no plano coletivo.

Pode-se, portanto, inferir que o desenvolvimento passa a ser interpretado pelos sujeitos sociais como algo que deva evoluir em espiral tão virtuosa, em que a sensação de prosperidade possa estimular os anseios para patamares qualitativos sempre mais elevados.

A confiança na capacidade do Estado de garantir o acesso a esses níveis tende a esmorecer, transferindo-se o papel da transformação para as empresas privadas. O desencanto com o mercado logo ocorreu ao se constatar que, entregue a si mesmo, ele não poderia materializar a citada espiral de qualidade de vida. Hoje, a convicção de que os diferentes sujeitos sociais devem organizar-se e passar a reivindicar participação ativa nos rumos do desenvolvimento, junto com o Estado e a iniciativa privada, criando mecanismos que impeçam qualquer um dos atores de impor aos demais um projeto exclusivo.

Desenha-se, portanto, um cenário no qual o desafio é incorporar os atores locais à concepção e sustentação do processo de desenvolvimento. A maneira tradicional de se fazer planejamento, ou seja, de cima para baixo ou do centro para as unidades subnacionais, principal aspecto do desenvolvimentismo do século XX, perde força, fazendo com que os gestores públicos sejam obrigados a formular políticas capazes de articular os sujeitos locais – empreendedores públicos e privados, produtores de bens, serviços e cultura – para que, fortalecidos, possam produzir projetos estratégicos de desenvolvimento regional e de inserção cooperativa e independente.

Reforçar esta prática não significa negligenciar o fortalecimento das funções reguladoras e de coordenação do Estado, nem relevar a importância dos governos centrais no que se refira à transferência de recursos aos governos e comunidades locais. É indispensável, portanto, criar sistemas de cooperação e apoio mútuo entre as esferas governamentais, ficando resguardada a integração nacional e estimulando parcerias estratégicas, no espírito de uma federação cooperativa.

Novas Dimensões na Administração Pública

IV.1 Novos Desafios

Para enfrentar o novo paradigma de desenvolvimento, os gestores públicos de todos os níveis de governo necessitam estar atentos e terem pleno domínio de uma série de aspectos que se traduzem em tarefas, habilidades e ações.

Uma deles é o que implica na necessidade de administrar regiões e cidades como se fossem países. A amplitude do novo modelo de desenvolvimento implica trabalhar duas dimensões básicas e interdependentes: a dimensão política e a econômica.

Conforme assinala Boisier (1996), para serem alcançadas e integradas essas dimensões, a política e a econômica, "a questão-chave envolve a obtenção de uma forte coalizão de atores locais, o que implica o consenso político, o pacto social, a cultura de cooperação e a capacidade de criar, coletivamente, um projeto de desenvolvimento".

A face política do projeto de desenvolvimento precisa ser completada pela econômica e, aqui, a lição do planejamento estratégico das grandes empresas privadas pode e deve ser aproveitada, como, por exemplo, ocorreu em Barcelona. O planejamento estratégico deve responder a questões como: qual a vocação econômica regional ou local? Como potencializar as vantagens comparativas locais, atraindo investidores e financiamentos?

Como gerar empregabilidade para a população local?

O planejamento estratégico do desenvolvimento, entendido como atividade contínua, sistemática e permanente, deve ser participativo e ascendente, regionalizado, descentralizado e integrado.

Torna-se imprescindível, como afirma Amaral Filho (1996), que os gestores considerem que:

> "a forma e a composição do desenvolvimento endógeno [...] devem variar de região ou de local para local, e dependem das estruturas socioeconômicas e culturais, institucionais e político-decisórias prevalecentes nos respectivos espaços. Embora o universo de valores, da região ou local, devam permanecer receptivos às novas tendências e aos novos paradigmas de desenvolvimento, esse mesmo universo não deve ser cooptado por caricaturas ou por imitações de modelos de outras regiões".

Um segundo aspecto ao qual os gestores públicos devem estar atentos para enfrentar o novo paradigma de desenvolvimento é associado com a preparação de novos arranjos institucionais. Embora deva ser promovido em bases autônomas, o desenvolvimento local não pode prescindir de parcerias e alianças estratégicas com as comunidades contíguas, com outras instâncias de governo que venham a se sobrepor em nível hierárquico e com regiões inseridas no mesmo espaço econômico, tanto nacional como internacional.

Tratando-se de alianças estratégicas e parcerias, depreende-se que ganhos de competitividade tendem a ser potencializados mais pela cooperação do que pelo antagonismo e pela obtenção de vantagens desproporcionais em relação a outras regiões ou locais. O desenvolvimento não pode ser tratado como um jogo de soma zero, mas como um processo sistêmico em que os subsistemas envolvidos julguem mais sensato e vantajoso cooperar para alcançar vantagens sinérgicas do que se enfrentarem prejudicando o equilíbrio geral e, consequentemente, o equilíbrio interno de cada uma das partes.

Um terceiro aspecto relacionado com o novo paradigma de desenvolvimento e que os gestores públicos devem considerar é a ação de estimular a participação de grupos interessados nas decisões e ações relacionadas com o desenvolvimento. A participação de grupos interessados na definição, execução e acompanhamento de políticas de desenvolvimento endógeno tem sido fortemente enfatizada por organismos internacionais de apoio, como Banco Mundial, entre outros.

A eficácia é alcançada por meio de um conhecimento mais acurado das demandas dos diferentes grupos sociais e da percepção deste quanto aos melhores meios para satisfazê-los. Há uma melhoria na governança à medida que a participação favorece o conhecimento e o consenso em torno das normas e instituições que regulam as decisões coletivas, bem como o controle mais estreito da comunidade sobre a condução e as ações dos dirigentes e demais atores sociais.

A sustentabilidade do desenvolvimento fica assegurada na medida em que a identificação coletiva com propósitos e meios dificulta as descontinuidades por força dos caprichos ou convicções político-partidárias de dirigentes e atores.

No que se relaciona ao capital social, a atividade participativa contribui para estimular a propensão de resolver problemas comuns, mediante acordos de ajuste mútuo, baseados na solidariedade e confiança. O pleno exercício da democracia e o fortalecimento da sociedade civil ficam explicitados pela soma de todos os fatores até aqui expostos, cujo fundamento é a acumulação de poder pela comunidade, a qual se torna senhora do seu destino.

Infelizmente a Constituição Federal de 1988 não logrou muito êxito na definição das competências e limites de cada uma das formas participativas, pois não só remeteu a regulamentação à legislação infraconstitucional, como, também, deixou inúmeras brechas que facilitam o aparecimento de conflitos passíveis de manipulação contra a participação direta.

A tendência atual é a de buscar meios de conciliar a democracia direta com a representativa[10], levando em conta que nenhuma das duas, sozinha, pode garantir a governabilidade. O que não pode ocorrer é transformar a participação popular em mera consulta, nem esvaziar de tal modo representatividade que leis e projetos vitais para a comunidade deixem de ser examinados com necessária prudência.

IV.2 – Políticas Sociais e Democratização do Poder Local

De início destaca-se que o desenvolvimento dos municípios, sem dúvida alguma, gera possibilidades inovadoras na gestão pública que permitem aprofundar e consolidar a democracia no Brasil. Por meio de assertivas políticas sociais é amplamente possível alterar a distribuição de poder na sociedade, transformando privilégios em direitos, clientelas em cidadãos ativos, estruturas patrimonialistas e clientelistas em mecanismos eficientes de gestão pública, sociedades fragmentadas em novas formas de organização, integração e desenvolvimento do capital social, fortalecendo a governabilidade em nível de município, que é célula *mater* ou a unidade fundamental do sistema federativo.

Este processo impõe desafios que precisam ser enfrentados pelos governos locais, relativos, por exemplo, à expansão da cidadania, ao combate à exclusão, à redefinição das relações entre esferas governamentais, às novas relações entre Estado e sociedade, às inovações inerentes ao planejamento participativo e à cogestão pública, ao aumento da base técnica e à valorização dos profissionais do setor público.

---

10 Nota do autor: democracia direta é aquela através da qual se elegem o presidente, os governadores e os prefeitos; e a democracia representativa é aquela através da qual são eleitos deputados, senadores e vereadores.

Neste capítulo interessa tratar o social a partir de sua emergência como questão social, ou seja, como reconhecimento de novos problemas que surgem na arena pública a partir da transformação de necessidades em demandas, processo que só pode ser realizado concomitantemente à própria construção dos novos sujeitos políticos. Assim, a questão social passa a ser reconhecida por novos atores que, por meio da construção de suas identidades e da formulação de projetos e estratégias, repõem a problemática da integração e da necessidade de recriar os vínculos sociais.

A emergência de uma questão social implica seu enquadramento por meio de políticas e instituições específicas, as chamadas *políticas sociais*. Por conseguinte, uma mesma questão será respondida de diferentes maneiras em contextos políticos, culturais e institucionais distintos, gerando diversos padrões de proteção social.

Quando são discutidas políticas sociais, muitas vezes enfatiza-se as finalidades que deveriam ser cumpridas (como reduzir a pobreza e as desigualdades), desconhecendo que muitas das políticas existentes não as executam. Outras vezes, tratamos de identificar setores (como saúde e educação) que são meras separações administrativas e não correspondem à realidade social, que é interdependente, como afirma Jamur (1997).

Tome-se, por exemplo, o conceito de que política social seja restrito à política pública, vista como um processo de tomada de decisões técnicas em relação à definição de prioridades e alocação de recursos para atingir certos fins. Caso um administrador público trabalhe com esta perspectiva, sem considerar que a política não se forma no governo, mas na sociedade, provavelmente encontrar-se-á uma política muito bem desenhada, mas que poderá fracassar por não haver considerado os atores sociais envolvidos, a necessidade de gerar consensos, as alianças que o apoiarão politicamente e os interesses a serem enfrentados. No entanto, um exemplo no sentido oposto, em que a ênfase recaia exclusivamente nas relações políticas, poderá fracassar exatamente porque não considerou as necessidades técnicas, as capacidades e os recursos existentes, que poderiam viabilizar, ou não, a execução da política.

O conceito de política social, ainda que delimitado pelas ações públicas, governamentais ou não, é bastante complexo porque envolve uma série de aspectos. Entre eles, destaca-se uma dimensão valorativa fundada num consenso social que responde às normas que orientam a tomada de decisões, assim como uma dimensão estrutural que recorta a realidade de acordo com setores baseados na lógica disciplinar e nas praticas e estruturas administrativas.

Envolve também a questão do cumprimento de funções vinculadas aos processos de legitimação e acumulação que reproduzem a estrutura social, assim como dos processos político-institucionais e organizacionais relativos à tomada de decisões, ao escalonamento de prioridades, ao desenho das estratégias e à alocação dos recursos e meios necessários ao cumprimento das metas.

Vale ainda citar, entre os aspectos que compõem a complexidade do conceito de política social, um processo histórico de constituição de atores políticos e sua dinâmica relacional nas disputas pelo poder e a geração de normas, muitas vezes legais, que definem os critérios de redistribuição, de inclusão e de exclusão em cada sociedade. (FLEURY, 1999)

Em cada sociedade são estabelecidos consensos em torno dos valores compartilhados, em cada momento histórico, quanto aos princípios de justiça, aos níveis de desigualdade toleráveis, à sociedade e às condições de inclusão social.

No entanto, a suposição da existência de valores compartilhados não desconhece o conflito de interesses e as disputas que ocorrem no campo das políticas sociais. Esta disputa é, antes de tudo, uma luta ideológica, uma competição pelos significados atribuídos a alguns conceitos-chave. A luta das mulheres para que fossem redefinidos os conceitos de mulher, feminino, doméstico, familiar, sexualidade, etc. é um bom exemplo. Da mesma forma, diferentes grupos discutem significados para criança – menor, menino de rua, pivete, carente, abandonado – buscando precisar o conteúdo das políticas sociais em questão. Nesse processo de luta, diferentes atores se enfrentam e reconstituem suas identidades. Por outro lado, as próprias políticas sociais atuam, ao nomear os usuários dessas políticas de distintas maneiras, cada qual tendo um significado político distinto, como, por exemplo, cidadãos, consumidores, pobres, etc.

Uma outra dimensão determinante do formato, dinâmica, possibilidades e limites das políticas sociais é a sua articulação com o processo econômico de reprodução de capital. Na história do desenvolvimento das políticas sociais constata-se que a reprodução da força de trabalho deixa de ser uma atribuição dos capitalistas para ter seu custo progressivamente socializado. Por este motivo que não se pode dissociar economia de história, falando-se mais modernamente em história econômica.[11]

Recentemente assiste-se ao processo de mercantilização dos serviços sociais, que antes não eram vistos como lucrativos e eram reservados à atuação do setor público. Educação, saúde e previdência são vistos, cada dia mais e mais, como mercadorias e subordinados à lógica e dinâmica de mercado.

Não se pode olvidar que, como determinantes das políticas de cunho social, encontra-se o próprio aparato administrativo e prestador de serviços, cuja institucionalidade deve ser considerada um fator crucial. Os sistemas são mais ou menos descentralizados – instituições e culturas institucionais distintas – e variam a capacidade técnica, os recursos humanos, as fontes de financiamento e as modalidades de alocação de recursos. São estes elementos, portanto, entre outros, que definem a configuração e o conteúdo das políticas sociais.

---

11   Nota do autor: Atualmente, não se fala em economia, mas sim em história econômica

Vale destacar que, em razão de multiplicidade de interesses contraditórios que confluem para determinar o campo das políticas sociais, da necessidade de construção de consensos em torno de valores compartilhados, e dos imperativos de redistribuição de riqueza e poder implicados, é imprescindível pensar que a gerência social tem de se afastar do modelo tecnocrático e buscar um novo modelo, adequado às especificidades desse campo.

O novo modelo deve basear-se em uma gestão compartilhada com a sociedade e que seja capaz de promover a mobilização de recursos sociais, a promoção da participação social, a ampla negociação de conflitos, o planejamento estratégico, a gestão de redes de parcerias e as especialidades técnicas no setor social e administrativo. (JAMUR, 1997)

O investimento nas pessoas e seu compromisso com o projeto político é algo essencial para o sucesso de cada uma das políticas sociais. Caso uma reforma da saúde pretenda promover a cidadania para assegurar o direito à saúde, ela poderá resultar num fracasso retumbante se, ao final de sua implantação, a relação médico-paciente desaguar numa pratica que desqualifique o conhecimento do paciente, que lhe negue a prerrogativa de informar-se sobre a real condição e, às vezes, até mesmo de ter um nome.

Mas é exatamente por essa especificidade das políticas sociais é que se pode afirmar que elas podem ser, ao contrário de meras reprodutoras das relações de dominação, um espaço privilegiado para a transformação social, em que a relação singular entre profissional e usuário seja capaz de aumentar a consciência cidadã e facilitar o acesso aos recursos de poder.

Chega-se, desta forma, à tese central sobre a relação entre políticas sociais e cidadania, qual seja a afirmação da capacidade de transformar as relações de poder a partir do campo de práticas, conhecimentos e serviços dessas políticas. Em outras palavras, as políticas sociais, muito mais que um simples instrumento para possibilitar o acesso a um bem ou serviço, são poderosos mecanismos para forjar a sociedade que se quer criar, definindo as condições de inclusão de cidadãos na comunidade. O conceito de cidadania envolve múltiplas dimensões e alguns paradoxos atuais.

A cidadania pressupõe a inclusão ativa dos indivíduos em uma comunidade política nacional que compartilhe um sistema de crenças e valores em relação aos poderes públicos, à própria sociedade e ao conjunto de direitos e deveres que estão envolvidos na natureza da cidadania. A esta dimensão pública dos indivíduos costuma-se chamar de cultura cívica, que é fruto dos mecanismos de socialização (escola, família, comunidade) e dos mecanismos de repressão (comunidade, polícia). Cidadania é um conceito com vários enfoques, sendo que, conforme Bava (2000), pode ser considerado um estado pleno de autonomia dos indivíduos como cidadãos ativos e conscientes que, atuando no espaço público, forjam seus direito e as instituições sociais democráticas.

A cidadania também pressupõe uma dimensão igualitária básica que é traduzida em um conjunto de direitos e deveres: os direitos civis, os direitos políticos e os direitos sociais. A igualdade implícita na cidadania requer a existência de critérios impessoais, objetivos universais na distribuição de recursos públicos, muitas vezes negada em sociedades onde predomina uma cultura patrimonialista, em que os recursos são apropriados de forma privada e/ou são distribuídos como troca de favores na barganha política, como se está assistindo no atual cenário político brasileiro.

A construção da cidadania é sempre um processo histórico específico de cada sociedade, de tal forma que a definição de igualdade – natural e de oportunidades (preconizadas pelo liberalismo) ou de resultados (proposta pela social-democracia) – continua polêmica até os dias atuais, conforme salienta Sen (2000).

Recentemente, novas questões foram acrescentadas à agenda política, como os direitos coletivos e difusos, incluindo o meio ambiente, os direitos das minorias e uma igualdade diferenciada, a necessidade de desvincular os mecanismos de proteção social da condição de trabalhador formal, com a perda da centralidade do trabalho e a necessidade de levar a proteção social para o âmbito da família, entre outros.

Como parte do processo de descentralização, democratização e fortalecimento do poder local, configura-se uma nova geração de direitos relativos à demanda por uma democracia deliberativa, que assegure a participação da cidadania nos processos de cogestão pública.

No Brasil, seguem pendentes questões básicas, como a igualdade dos cidadãos perante a lei e a necessidade de incluir os excluídos (de acordo com o censo de 2000, são aproximadamente 54 milhões de brasileiros)[12], fazendo com que se defronte simultaneamente com antigos e novos desafios que se apresentam no desenvolvimento da cidadania.

Inúmeras experiências de gestão local, de inovação tecnológica, de dinamização de pequenas e médias empresas, de expansão da economia familiar, de promoção de empregos através de iniciativas da sociedade civil organizada e de poderes locais continuam relativamente pouco conhecidas, e permanecem isoladas, quando poderiam ter um impacto muito maior na economia como um todo. Trata-se, portanto, de serem sugeridas formas de organização sinérgica entre instituições financeiras de fomento, instituições de apoio tecnológico, de formação profissional, da academia, organizações da sociedade civil e outros atores do processo.

IV.3 – OS RECURSOS SUBUTILIZADOS

É interessante analisar a situação brasileira sob a ótica dos recursos subutilizados. A poupança do País, que nos dias atuais é de cerca de 20% do

---
12 Censo 2000 - IBGE

Produto Interno Bruto (PIB)[13], não é canalizada para financiar iniciativas de desenvolvimento, e, sim, para gerar ganhos financeiros, fenômeno caracterizado como esterilização de poupança. O crédito destinado a financiar iniciativas de desenvolvimento econômico e social é absurdamente baixo e os juros absolutamente proibitivos. O resultado prático é, por exemplo, que a academia já estimula o empreendedorismo, mas as instituições financeiras exigem uma taxa de juros que inviabiliza a iniciativa empreendedora.

É encontrada uma situação semelhante em termos de recursos de força de trabalho. Chega-se a 180 milhões de habitantes, dos quais 115 milhões constituem a população em idade de trabalho e, destes, 80 milhões constituem a população econômica ativa (PEA) [14]. Ou seja, temos 35 milhões de pessoas que poderiam estar participando da força do trabalho, mas estão excluídas do processo, tornando óbvio que a subutilização da nossa força de trabalho se constitui um dos principais problemas sociais enfrentados pelo país. Não se pode melhorar a produção sistêmica da sociedade brasileira com tantos recursos imobilizados.

Outro caso de subutilização é o que se refere ao solo agrícola. Pode-se citar a cifra de 90 milhões de hectares, segundo o governo[15], 110 milhões estimados pelo Banco Mundial, ou elevar o número para 150 milhões de hectares subutilizados se incluídos os desperdícios do solo comodamente disfarçado sob o termo "pecuária extensiva". É compreensível a fome em países do continente africano subsaariano. Mas, o Brasil possuir dezenas de milhões de desnutridos com a disponibilidade de terra, de água e clima favorável, constitui um atestado impressionante de ausência de capacidade de gestão econômica e social.

A subutilização dos nossos recursos gera baixa produtividade sistêmica. Um desempregado representa um custo elevado, não só relativamente à sua contribuição potencial, caso estivesse produzindo, mas pela sua própria dificuldade de sobrevivência, que gera para a saúde, segurança, problemas potencializados para a inserção social e profissional dos seus filhos, e, assim por diante.

A má alocação e subutilização dos recursos financeiros geram irracionalidades sistêmicas, pois quanto mais se faz render a especulação, mais poupadores desviam a sua poupança para aplicação especulativa. A desnutrição associada à subutilização dos recursos agrícolas ocasiona custos diferidos imensos, pela baixa produtividade futuras gerações, sem considerar problemas éticos evidentes. Ou seja, temos hoje uma economia de baixos salários, mas de altos custos sistêmicos, conforme adverte Sachs (2004).

Um segundo eixo da irracionalidade econômica, social e ambiental está ligado à ausência de critérios básicos na priorização dos gastos públicos. É

---

13 www.bcb.gov.br – Página do Banco Central do Brasil acessada em 22/02/10
14 ibidem
15 ibidem

conhecida a dramática situação de quase todo os municípios do País em termos de saneamento básico e os gastos suplementares que essas deficiências geram em termos de saúde curativa. O déficit habitacional é estimado em 12 milhões de casas[16]. Habitações populares de baixo custo – e viver de maneira minimamente digna – permitiriam realizar economias impressionantes na área da saúde, da segurança, da produtividade dos estudos dos filhos e assim por diante.

Essas atividades são todas intensivas em mão de obra, pouco intensivas em capital e não envolvem custos em divisas externas. Têm como efeito indireto, organizadas de maneira descentralizada e participativa, a construção de capital social que permite uma melhor organização da sociedade em torno dos seus interesses.

O eixo das soluções está na articulação produtiva dos recursos existentes. Esta articulação não se obtém por decreto ou medida burocrática, e sim através da organização sistemática de programas de apoio, da criação de uma rede de sustentação das inúmeras iniciativas locais que contribuem para dinamização do desenvolvimento.

Não se trata de inventar algo novo, de partir do zero. A base econômica do País está se fortalecendo, embora não acompanhem nenhum formato predeterminado. O quadro geral que se depreende é que são, quase sempre, de inovações organizacionais, frequentemente acopladas a inovações propriamente tecnológicas e arquiteturas financeiras diferenciadas.

O problema que se coloca pode ser formulado da seguinte maneira: como incentivar essas iniciativas, dar-lhes escala, replicabilidade, capilaridade, efeitos multiplicadores? Como tornar o solo mais fértil para que possam crescer melhor, como difundir as informações para que a aprendizagem de uma iniciativa se transforme em progresso para as outras?

IV.4 – A Intersetorialidade como Indutora da Eficiência na Administração Pública

Pode-se dizer que o contexto institucional das iniciativas de desenvolvimento local está simplesmente desatualizado, em alguns lugares nunca existiu, em outros ainda atrapalha. Fala-se aqui em desenvolvimento local, porque em última instância as forças que se articulam para fazer funcionar estas pequenas iniciativas pertencem ao espaço geográfico concreto, e na maioria dos casos a uma cidade.

Este enfoque propicia uma indicação para a ideia principal que se deseja abordar neste item: os diversos subsistemas de apoio devem se articular no nível local para que sejam sistematicamente coerentes.

Esta necessidade resulta do fato que uma atividade, seja ela proveniente do sistema industrial ou do sistema de prestação de serviços, representa um ciclo complexo no qual diversas partes precisam se encaixar de forma

---
[16] Censo 2000 - IBGE

organizada. Em outras palavras, uma iniciativa funciona apenas quando todas as partes envolvidas funcionam.

Para melhor embasar o nosso enfoque, cita-se o exemplo da formação da câmara do plástico no Grande ABC[17], que se iniciou com uma organização dos próprios produtores, posteriormente com uma parceria com a Unicamp, que estudou a estratégia de desenvolvimento do setor, com o IPT para organizar o apoio tecnológico aos produtores, o Sindicato dos Químicos para coordenar a requalificação dos trabalhadores, com a Federação das Indústrias do Estado de São Paulo que disponibilizou a Escola Mario Amato, com as prefeituras da região para os que precisavam ser alfabetizados, a Agência de Desenvolvimento do Grande ABC para empreender a publicidade da marca dos produtos de plástico da região. Em resumo, trabalhou-se o ciclo completo do produto, que envolve apoio tecnológico, linhas de crédito, comercialização, comunicação, controle de qualidade, etc.

Caso assim não se agir em nível local, ver-se-ão simplesmente a formação de mão de obra sem condições totais de empregabilidade, ou seja, ver-se-ão desempregados com certificado. Em outros termos, o caso exposto foi abordado, a qualificação funcionou porque ao mesmo tempo foram tomadas iniciativas que dinamizaram o conjunto do ciclo produtivo.

Outro ponto importante é que a sinergia exemplificada esteja totalmente voltada para a vocação do município ou da região, e esta sinergia não se constrói caso não exista uma organização articulada de apoio às iniciativas locais. Os sistemas de fomento tendem a valorizar a sua própria lógica de atuação e demonstram uma insuficiente atenção à organização da capacidade de absorção do apoio.

Conforme Dagnino (2004), "de certa forma, há muita tecnologia na produção de 'sementes', mas insuficiente esforço de 'melhoria do solo'" onde a semente vai cair. Essa tendência faz com haja uma articulação parcial com as agências de fomento; umas dão assessoria técnica, outras a formação profissional, outras o microcrédito, outras o sistema de gestão, mas tudo permanece desarticulado. Para que as iniciativas de desenvolvimento local formem efetivamente um processo de apoio, as diversas instituições têm de construir um sistema articulado no ponto de entrega do produto final. Caso contrário, teremos sempre projetos caindo de paraquedas, sobrevivendo enquanto durar o apoio de uma instituição determinada.

Não se trata de haver uma campanha de boa vontade e de reuniões interagências. Mas, sim, de gerar dinâmicas institucionais que permitam que o processo se articule e se mantenha na base da sociedade. A visão geral que aqui é sugerida é que os serviços de apoio existem, mas carecem de uma reformulação institucional que os articule. Os itens seguintes representam alguns eixos de ação para a citada articulação.

---

17 Região do Estado de São Paulo formada basicamente pelos municípios de Santo André, São Bernardo do Campo e São Caetano do Sul.

Na Constituição Federal de 1988 está refletida a necessidade de uma ampla participação da sociedade brasileira, e, assim sendo, define a saúde como um direito do cidadão.

Desta forma, a saúde torna-se direito universal e dever do Estado. Mas, deve-se entender que saúde não pode estar restrita a atenção médico-hospitalar à doença nem a prevenção à doença. O conceito de saúde deve envolver a promoção de melhores condições de vida nas quais uma sociedade se desenvolve. Educação, moradia, saneamento e distribuição de renda constituem as condições essências para uma sociedade com saúde.

Assim sendo, este conceito ampliado de saúde demonstra a necessidade de ações intersetoriais, que envolvam corretas políticas públicas de saúde, mas, necessariamente interligadas com corretas políticas de educação, de habitação, de saneamento básico e, até, de políticas macroeconômicas.

As políticas de saúde passam a ser, então, planejadas e interligadas com as condições de vida: inclusão social, trabalho e renda, de forma a propiciar decisões e implementações de políticas intersetoriais capazes de alterar o quadro sanitário/epidemiológico da população.

Esta disposta no artigo 198 da CF de 1988 a criação de um sistema único **integrado** por uma rede regionalizada e hierarquizada de serviços públicos de saúde, que deve ser organizado sob as diretrizes de: descentralização, atendimento equânime e integral, e participação da sociedade.

A descentralização é um dos pressupostos das diversas iniciativas de mudanças que ocorrem na gestão do setor social nos últimos vinte anos. No entanto, o conceito varia conforme a concepção do papel do Estado e do entendimento que se tenha da natureza da crise a ser enfrentada.

A descentralização, considerada como parte do encaminhamento da solução dos problemas sociais, supõe que a transferência de poder venha no âmbito de uma transformação político-administrativa que vise a facilitar o acesso da população aos centros de poder e, consequentemente, que vise a atender à demanda social. Uma transformação tão ampla que, em alguns casos, pode exigir que se alterem, inclusive, as condições sócio-econômicas de uma região ou de uma localidade.

As mudanças no Estado, mercado e terceiro setor longe de terem terminado ainda se constituem em tendência para os próximos anos e vem estimulando, contínua e crescentemente, o aumento das iniciativas de atuação social através de alianças intersetoriais.

A intersetorialidade é uma lógica para a gestão da cidade, buscando superar a fragmentação das políticas e considerar o cidadão na sua totalidade, nas suas necessidades individuais e coletivas

A lógica intersetorial pode ser mais permeável à participação do cidadão, já que suas necessidades se apresentam como no mundo real, intrinsecamente interligadas, contribuindo para a reformulação da relação Estado e sociedade.

Através do paradigma da intersetorialidade, podemos ter uma visão completa dos processos que ocorrem no mundo real e das suas conexões entre os vários e diferentes níveis do contexto. A contribuição do paradigma da intersetorialidade é valiosa na solução de problemas que parecem insolúveis, existentes neste mundo das pessoas e instituições. Porém, uma perspectiva de trabalho intersetorial implica mais do que justapor ou compor projetos que continuem sendo formulados e realizados setorialmente.

A estrutura dos três níveis de governo no Brasil, como em outros países, é setorializada, significando uma organização que reflete a especialização de saberes, funções e modos de intervenção. O Poder Executivo é organizado por secretarias, cada qual cuidando de uma política setorial – da Saúde, da Educação, etc., e atuam de forma paralela sob coordenação dos governantes e de órgãos ou colegiados constituídos para esse fim.

As estruturas setorializadas tendem a tratar o cidadão e os problemas de forma fragmentada. Conduzem a uma atuação desarticulada, obstaculizado mesmo os projetos de gestões democráticas e inovadoras. O planejamento tenta articular as ações e serviços, mas a execução desarticula e perde de vista a integralidade do indivíduo e a inter-relação dos problemas.

Contrapõe-se à setorialidade uma nova lógica que se refere basicamente à população, reconhecendo os indivíduos e grupos da população, considerando as suas condições peculiares de vida. As prioridades, nesse caso, são definidas a partir de problemas da população, cujo equacionamento envolve ações integradas de vários setores. Essa proposta supõe a articulação dos dois eixos: descentralização e intersetorialidade

Intersetorialidade deve ser aqui entendida como a articulação de saberes e experiências no planejamento, realização e avaliação de ações, com o objetivo de alcançar resultados integrados em situações complexas, visando um efeito sinérgico no desenvolvimento social. Visa promover um impacto positivo nas condições de vida da população, num movimento de reversão da exclusão social.

Os conceitos de intersetorialidade e descentralização aproximam-se na medida em que este último é compreendido como a transferência do poder de decisão para as instâncias mais próximas e permeáveis à influência dos cidadãos e o primeiro diz respeito ao atendimento das necessidades e expectativas desses mesmos cidadãos de forma sinérgica e integrada. Ambos devem considerar as condições territoriais, urbanas e de meio ambiente dos microespaços que interagem com a organização social dos grupos populacionais.

Assim como descentralização não é sinônimo de democratização, mas um meio de viabilizá-la, a intersetorialidade não é um fim e nem irá, por si, promover o desenvolvimento e a inclusão social, mas é um fator de sua viabilização enquanto ação do Estado.

A articulação de ambos – descentralização e intersetorialidade –, referidos ao processo de desenvolvimento social, constituem um novo paradigma orientador da modelagem de gestão pública

Um aspecto relevante da intersetorialidade é a focalização em segmentos da população que permite uma maior proximidade com o cidadão fazendo com que fique mais fácil a percepção de seus problemas e como eles se apresentam no cotidiano do mesmo. Ela pode ser utilizada para a formulação de um planejamento de base regional, **sendo importante que este possua um caráter participativo,** visando estabelecer ações de caráter coletivo, para sanar os problemas de forma eficiente.

Outro aspecto relevante trata da questão dos resultados e seus impactos. Eles dizem respeito mais à parte avaliativa dos programas intersetoriais. Conhecer os resultados é um elemento importante para que se possa evitar que ações que geraram impactos negativos venham ser repetidas e também para que se possa saber se as mudanças esperadas na vida das pessoas estão realmente acontecendo.

O uso da intersetorialidade pode implicar na utilização do conceito de rede. Com fundamentação numa abordagem intersetorial, percebe-se que os problemas da sociedade devem ser considerados como um conjunto único, do modo como eles se apresentam no cotidiano da sociedade, e que devem ser tratados na sua totalidade.

No entanto, verifica-se que eles se apresentam de um modo que o Estado ou qualquer outra organização, sozinhos e com conhecimentos especializados e fragmentados, não conseguem trabalhar uma solução para os mesmos devido à complexidade do modo como eles são percebidos na sociedade. Nesse ponto o conceito de rede pode ser útil, já que ele pretende vincular vários atores em torno de diferentes aspectos de um problema num determinado segmento da sociedade.

IV.4.1 A Interoperabilidade dos Bancos de Dados Existentes

Uma iniciativa com alta dose de assertividade é a disponibilização integrada do conjunto de subsistemas de informação, cadastros de experiências, pesquisas acadêmicas e relatórios setoriais que existem dispersos e subutilizados nas diversas instituições. Independentemente de aportes tecnológicos de instituições de fomento, qualquer entidade da administração pública direta ou indireta tem o direito de poder identificar formas de organização, tecnologias e processos produtivos capazes de utilizar recursos existentes e subutilizados, adaptando de forma criativa o que já funciona em outros locais, evitando uma forte tendência de se reinventar a roda. Gerar a ampla acessibilidade dos conhecimentos acumulados, além de ser um dos objetivos da era da gestão do conhecimento, não deixa de ser um fator importante de democracia participativa.

As iniciativas locais se caracterizam por constituírem processos de pequena escala, mas que, com certeza, podem se multiplicar ao propiciar acesso simples e rápido a muitos administradores locais. Um exemplo digno de ser citado é o da Pastoral da Criança, uma organização não governamental, constituída por apenas 62 profissionais, mas que aglutinou a participação de 155 mil voluntários em 3.150 municípios, e é responsável por evitar 60% de hospitalizações infantis através de ações preventivas[18], além de gerar uma queda radical da mortalidade infantil nos municípios onde atua. O custo por criança é de R$ 1,15/mês. A economia para as famílias de baixa renda é sensível, gerando a possibilidade da diversificação do consumo. A visibilidade dessas ações individualmente é muito pequena, mas com a utilização da internet, isso fica cada vez mais fácil e objetivo. Já existe um anel de bancos de dados que é o http://www.web-brazil/gestaolocal que facilita em muito esta tarefa. O objetivo é maximizar o efeito multiplicador que o bom acesso a informações bem focadas permite para qualquer administrador local.

Não se trata, nesta sugestão de interoperabilidade de bancos de dados, de gerar uma instituição que controle as outras, mas de definir protocolos comuns de transferência de dados que permitam que bancos de dados existentes se intercalem, facilitando a vida do administrador local e assegurando maior sinergia às iniciativas isoladas e interessantes que já existem. Gerar uma interfertilização das experiências compatível com os poderosos instrumentos de comunicação atualmente existentes e amplamente subutilizados.

IV.4.2 – A Base Informativa Local

A racionalidade gerencial de qualquer sistema implica visão de conjunto. Pode-se dizer que, em sua maioria, os diversos atores que gerem, direta ou indiretamente, o município, desde o prefeito até os gerentes empresariais e dirigentes de organizações da sociedade civil, têm uma visão extremamente limitada e desinformada da sua própria realidade. A situação não é privilégio brasileiro. O Banco Mundial, no seu comentário sobre indicadores para o desenvolvimento urbano[19], destaca que

> "apesar da importância das cidades e das aglomerações urbanas que abrigam quase a metade da população mundial, informações sobre muitos aspectos da vida urbana são escassas. (...) Até dentro das cidades tem sido difícil reunir e integrar um conjunto de dados. As áreas urbanas espraiam-se frequentemente por sobre diversas jurisdições, sem que nenhuma agência particular seja responsável pela coleta e organização de relatório sobre o conjunto da área. Acrescente-se a estas dificuldades de coleta de dados os hiatos e superposições na coleta e os objetivos diferenciados das diversas unidades administrativas".

---

18 http://www.pastoraldacrianca.org.br
19 The World Bank. World development indicators 2003. Washington, DC, The World Bank, 2003.

É necessário se ressaltar que não se trata de ausência de dados e de informações, já que estes são produzidos por inúmeras instituições. Mas, sim, ausência de uma metodologia de sistematização que permita aos diversos atores sociais, que de uma forma ou outra contribuem para o desenvolvimento local e a criação de atividades econômicas, sociais e ambientais, tenham uma visão sistêmica, essencial para a sinergia de esforços. Na ausência de informações articuladas que permitam a plenitude da ação cidadã, geramos pessoas passivas e angustiadas, iniciativas econômicas sem futuro.

No Brasil, pode-se dizer que o nível de informação municipal é predominantemente precário. A não-existência de uma metodologia padronizada de informações básicas municipais constitui uma fraqueza e um entrave particularmente importante nos dias atuais no país.

Um município, como unidade política, é de certa maneira propriedade dos munícipes, e todos necessitam dispor de um sistema adequado de informações básicas sobre a cidade onde vivem. Segundo a Unesco[20],

> "há uma grande diferença entre ter um direito e poder exercê-lo. Pessoas pouco informadas se veem frequentemente privadas dos seus direitos porque lhes falta o poder para o seu exercício (...) O acesso à informação é um direito que temos, como o acesso à justiça, e deveria ser assegurado gratuitamente como outros serviços públicos".

A informação bem organizada e disponibilizada, além de um direito, constitui-se em poderoso instrumento de autorregulação na base da sociedade, pois todos os atores sociais, empresários, secretários municipais, organizações comunitárias, passam a tomar decisões muito mais bem formadas e informadas, constituindo-se uma iniciativa de excelente relação custo/benefício em termos de se melhorar a produtividade sistêmica, pois:

* melhora a capacidade de gerenciamento municipal;
* melhora a participação informada da população;
* aproveita um conjunto de informações já existentes;
* permite às instituições de apoio ter um sistema de referências para avaliar as suas iniciativas;
* melhora a capacidade do governo em geral de avaliar o desenvolvimento dos municípios e o impacto de suas políticas.

IV.4.3 – A Organização de um Sistema Integrado de Apoio Financeiro

Segundo Dowbor (2005), no bolo de recursos públicos, os municípios, que subiram para uma participação de 17% com a Constituição Federal de 1988, hoje estão em nível mais próximo de 13%. Caso somemos os impactos da

---

20 United Nations Educated, Scientific and Cultural Organization – UNESCO, World information report 1995, Paris, Unesco, 1995

fragilização dos recursos públicos locais e do desvio das poupanças privadas pelos bancos, o resultado prático é que inúmeras pequenas iniciativas essenciais para dinamizar o tecido econômico local deixam de existir.

A realidade é que a cultura da intermediação financeira que se implantou no País não é mais de se identificar oportunidades de investimento, buscando fomentar produção e prestação de serviços, mas de se tirar a poupança local para transferi-la para diversos produtos financeiros. É importante notar que esta cultura impera, também, nos bancos oficiais.

Os bancos oficiais, na busca da construção de um sistema de apoio financeiro, estão estudando iniciativas de microcrédito, de linhas especiais de apoio à compra de materiais de construção, e têm-se alguns esforços de regulamentação que permitem às pessoas buscar um crédito de forma a fazer uma compra à vista. São iniciativas que ajudam, mas não apresentam uma articulação efetiva com as instituições de apoio, gerando mais dispersão do que sinergia.

O subsistema de financiamento interessado em fomentar efetivamente as iniciativas locais de desenvolvimento, e com grande capilaridade como as possuídas pelo Banco do Brasil, a Caixa Econômica Federal, deveria formar conselhos locais ou regionais de fomento, ou algum outro sistema de articulação horizontal, em que a capacidade de apoio das várias instituições do sistema, as incubadoras municipais ou acadêmicas de empresas, as organizações da sociedade civil, possam contribuir para a gestão colegiada de verbas limitadas de recursos de fomento.

IV.4.4 – A Promoção de Cooperativas e Frentes de Serviços Urbanos

O Brasil vive um paradoxo de imensos recursos subutilizados, de necessidades prementes nos mais diversos setores, enquanto milhões de pessoas ficam sem emprego. Frentes de trabalho ganharam má fama nos tempos em que os coronéis do Nordeste as usavam para realizar obras nas suas terras com diárias miseráveis. No entanto, trabalhando com garantias e carteira profissional assinada, realizando trabalhos socialmente úteis e dinamizando economia pelo consumo gerado, essas iniciativas se tornaram nos dias atuais essenciais para absorver a imensa massa de desempregados. Poder-se-ia espelhar-se no que foi realizado nos Estados Unidos, quando da sua recuperação econômica após a quebra da Bolsa de Nova York, ou seja, o *New Deal*.[21] Esse processo permitiria melhorar a infraestrutura urbana, gerar renda para os desempregados e demanda na base da sociedade, com isso incentivando os outros setores.

No Brasil, podemos citar um processo tal qual descrito no parágrafo anterior de muito sucesso. A frente de trabalho criada em Santos, durante

---

21 Para maiores detalhes, ver Robert J. Carbaugh em Economia Internacional, São Paulo, Editora Thomson, 2004.

a administração de David Capistrano, operação esta chamada "Operação Praia Limpa", a qual cadastrou os desempregados da cidade. Neste processo, a Secretaria do Meio Ambiente planejou os trabalhos necessários, e as praias foram efetivamente limpas, sendo que os desempregados ganharam salários e saíram do desespero. A população recuperou o seu lazer, os restaurantes e hotéis voltaram a ter clientes e a prefeitura voltou a arrecadar impostos, podendo assim ressarcir-se do que gastou com os desempregados na frente de trabalho.

Com o cadastro montado e a experiência ganha, a prefeitura avançou para uma outra frente de trabalho que se destinou a reduzir os riscos de desabamento nos morros, com obras de microdrenagem, melhorando uma vez mais a qualidade de vida dos munícipes.

Na realidade, a geração de empregos, como motor de arranque de uma economia estagnada, tem a virtude de criar o fluxo de demanda indispensável para pôr em marcha o círculo virtuoso, e de permitir simultaneamente a redução das tensões sociais que estão se tornando insuportáveis. É o espaço no qual o econômico e o social podem se articular, um dinamizando o outro, e que a geração de empregos torna-se o eixo estratégico de revitalização da economia.

IV.4.5 – Gestão Pública Empreendedora

Um dos entraves para ações públicas empreendedoras é a questão da comunicação falha, sem objetividade, e que não leva em consideração os saberes e valores locais.

Os instrumentos de informação e de comunicação estão sendo revolucionados e abrem perspectivas impressionantes para a racionalização das atividades econômicas e sociais. Todas as instituições produzem hoje um manancial de informações. Trata-se de identificar instrumentos concretos de informação para a cidadania, a ser sistematizada segundo as necessidades de participação dos diversos atores sociais.

Outra iniciativa que deve ser colocada em prática é o estudo da realidade local nas escolas. Os jovens hoje aprendem pouco sobre a cidade onde moram, a cultura de origem dos seus imigrantes, os seus problemas econômicos e sociais, o meio ambiente local e assim por diante. Mesmo para os mais maduros, e os investidos de poder, a realização de cursos voltados para a melhoria da governança pública é uma ação assertiva e indispensável.

A informação não é um setor: é uma dimensão de qualquer atividade. A criação de um ambiente rico em informação implica, assim, que o médico gere informação adequada quando atende um paciente, que o registro de uma nova criança na escola implique na imediata alteração das estatísticas municipais e assim por diante. Este tipo de organização multipolar não surgirá espontaneamente se não houver um núcleo dinamizador inicial, diretamente vinculado ao gabinete do prefeito, com pleno apoio político, e sem outra função senão a de gerar um sistema de informação. Assim, as informações já existentes, as ideias que numerosas pessoas em diversos setores possam ter para melhorar as informações, os aportes pontuais de consultores e outros poderão ser capitalizados e aplicados de forma útil para o conjunto da instituição.

O pouco que existe em termos de comunicação local, como televisões locais e rádios comunitárias, tem sido objeto de ataques sistemáticos dos grandes monopólios da mídia. O direito de uma comunidade ter os seus instrumentos de comunicação é vital e a sua ausência dificulta imensamente qualquer iniciativa participativa de mobilização da sociedade local. O problema envolve tanto a dimensão jurídica, como soluções técnicas e de gestão. Quanto mais rico for o monopólio da informação, mais pobre será a democracia.

Outro entrave reside na questão da descentralização já tratada anteriormente nesta obra, mas que neste ponto deve ser considerada no âmbito da delegação de poder; há a necessidade de se explicitar que o que se delega é a autoridade para se agir, sendo que a responsabilidade pelo êxito ou fracasso das ações deve ser necessariamente compartilhada entre quem delegou e a sua equipe.

As ações públicas empreendedoras devem estar voltadas para o incremento na competitividade local, uma vez que um município que não é competitivo não será capaz de promover o desenvolvimento local sustentado.

Para tal, o administrador público deve ter novas percepções, transformando ameaças em oportunidades, minimizando os pontos fracos, maximizando pontos fortes, mas sempre considerando a cultura e os saberes locais. Não se trata de reinventar a roda, mas aproveitar ao máximo as potencialidades já existentes no município.

"A tendência rotineira é proteger o que existe, resistir às mudanças, construir impérios, aumentar a área de influência, manter projetos e programas, mesmo que não sejam mais necessários." Em contraste, o governo empreendedor "procura formas mais eficientes de administrar". (Willian Hudnut, prefeito de Indianápolis, 1986)

A essência do empreendedorismo está na percepção e aproveitamento das novas oportunidades no âmbito dos negócios... sempre tem a ver com criar nova forma de uso dos recursos nacionais, em que eles sejam deslocados de seu emprego tradicional e sujeitos a novas combinações (SCHUMPETER, apud MIRSHAWKA e MIRSHAWKA JR., 2003, p. 84).

Alguns pontos que marcam uma administração pública empreendedora como exemplos:

* Disposição para abandonar velhos programas e métodos.
* Inovar, usar a imaginação e criatividade.
* Transformar as funções da cidade em fontes de receitas.
* Desprezar as alternativas convencionais, que se limitam a oferecer serviços básicos.

* Trabalhar de acordo com o setor privado.
* Usar noções comerciais sólidas.
* Privatizar.
* Criar empresas e operações geradoras de recursos.
* Orientar-se pelo mercado.
* Focalizar a avaliação do desempenho de suas ações.
* Reconhecer o mérito.
* Fazer com que as coisas funcionem e não temer sonhar o grande sonho.

As ações essenciais, e porque não dizer óbvias, para implementar o empreendedorismo na administração pública são:

* Ações intersetoriais
* Redução da informalidade na economia, estimulando a criação de micros e pequenas empresas
* Reduzir a burocracia na abertura de novas empresas
* Reduzir tributos
* Usar e *e-governement*
* Identificar setores econômicos prioritários e estabelecer as diretrizes para uma política municipal
* Criar fundos e legislações de incentivo
* Oferecer acesso à assistência técnica e laboratórios
* Criar projetos de apoio ao empreendedor rural
* Criar incubadoras de empresas ou cooperativas
* Estimular redes de empresas, cooperativas, associações, grupos formais e informais já organizados
* Oferecer assistência técnica, administrativa e tecnológica
* Alternativas para apoio: cessão de instalações e equipamentos, capacitação, contratação dos serviços dos grupos produtivos do município
* Incluir o empreendedorismo no ensino fundamental
* Qualificar e requalificar os trabalhadores de acordo com as vocações do município
* Criar programas de bolsas de estudo para jovens e trabalhadores
* Criar um calendário de feiras e eventos para estímulo ao empreendedorismo

Num mundo em que as mudanças acontecem com o piscar dos olhos, que exigem flexibilidade, agilidade e foco, a capacidade de empreender torna-se uma vantagem competitiva que determina o intensivo uso do conhecimento.

De acordo com Lenzi & Kiesel (2009) "o sucesso parece estar reservado para os que conseguirem criar uma visão da gestão do conhecimento adequada à sua realidade, e acima de tudo, empreender".

Políticas Públicas e Governança Pública

v.1 O Orçamento como Fundamento de Políticas Públicas

Os enormes desafios que se apresentam ao administrador público na atualidade requerem mais do que políticas públicas adequadas e voltadas para um horizonte temporal estendido. Requerem, também, uma substancial melhoria do desempenho da administração pública direta e indireta, de modo a assegurar a efetividade das políticas e programas concebidos.

O processo de planejamento nos municípios brasileiros se dá por meio de um conjunto de instrumentos, tais como: o Plano Diretor, o Programa de Governo, o Plano Plurianual, a Lei de Diretrizes Orçamentárias e a Lei do Orçamento Anual. No entanto, não devem ser negligenciadas as profundas desigualdades existentes entre os 5.565 municípios brasileiros.

Trata-se, portanto, de melhorar a qualidade da gestão pública, o que não resultará de novas reformas administrativas, mas, sim de que o governo trate da gestão pública como um problema de política pública, abrangendo as várias áreas que conformam o funcionamento das organizações governamentais e a capacidade de cumprirem suas missões institucionais. CAVALCANTI ET AL (2005)

O Plano Diretor, estabelecido pela Lei 10.527, de 10/7/2001, mais conhecido como Estatuto da Cidade, no seu Capítulo III, art.40, é descrito como o instrumento básico de política de desenvolvimento e expansão urbana.

O Plano de Governo é aquele estabelecido no calor das disputas eleitorais, mas que deve ser incluso no Plano Plurianual.

O Plano Plurianual (PPA) está definido na Constituição Federal de 1988, no Capítulo II, Seção II – Dos Orçamentos, art.165 que institui a necessidade de um PPA, as Diretrizes Orçamentárias (LDO) e a Orçamento Anual (LOA)

Fica evidente a importância do Orçamento, o qual tem enorme potencial para a transformação qualitativa da gestão pública, tanto no nível macro quanto no nível organizacional. Assim, além das questões macroeconômicas que tem predominado no debate sobre o orçamento público, como as limitações decorrentes da propalada rigidez orçamentária, é fundamental focalizar a qualidade da gestão orçamentária exercida no nível das distintas organizações governamentais que compõem o conjunto do setor público brasileiro.

Desse modo, as estreitas margens para escolhas orçamentárias no nível macro das decisões governamentais poderiam ser contrabalançadas por melhor capacidade de gestão do setor público. É fazer mais com menos.

v.2 – A Rigidez do Orçamento

Ao longo da última década, o espectro da rigidez orçamentária vem constituindo-se em uma grande preocupação dos administradores públicos brasileiros. A necessidade de atender os compromissos e os direitos legalmente instituídos, se defronta com as grandes dificuldades para satisfazer as demandas de seus eleitores. Como a rigidez orçamentária não tem correlação com o calendário político, com possibilidade de sensíveis aumentos em momentos de transição do poder, as expectativas criadas em decorrência da alternância do poder político, poderão frustrar-se rapidamente se não se abrir espaço no orçamento público para a realização das mudanças.

Com assertividade pode-se afirmar que os fatores que determinantes da rigidez orçamentária não são mutuamente excludentes. Em boa parte, a proteção aos direitos assegurados em lei se faz mediante vinculações de receita orçamentária, de forma a garantir os recursos necessários para financiá-los. Por outro lado, as regras aplicáveis à transferência de recursos federais para Estados e municípios podem ir de encontro com a vinculação de componentes da receita e determinados tipos de gasto, resultando em distorções que interferem na condução da política orçamentária. A par disso, o acúmulo de compromissos financeiros também demanda garantias de que eles serão respeitados, o que conduz à busca de meios para atenuar as vinculações, de modo que seja possível conciliar as pressões sobre o gasto com os limites econômicos e políticos à tributação. Prova concreta desse fato é a instituição da Desvinculação da Receita da União (DRU), que sucedeu ao Fundo Social de Emergência, e cujo prazo de vigência passou a ser sistematicamente renovado. Esse mesmo recurso passou a ser pleiteado também pelos Estados nas negociações em curso com vista à reforma tributária.

Apesar do extraordinário aumento na arrecadação tributária da união nos últimos dezoito anos – saiu do patamar 25% do PIB nos anos 1980 para os atuais 37% do PIB[22] – a parcela livre do orçamento de livre utilização, isto é, aquela que resta após serem deduzidos os compromissos financeiros, as transferências, os direitos e as vinculações, permaneceu na casa dos 10%, indicando que a rigidez orçamentária mantém-se imutável no tempo.

Nos primeiros anos da década de 1990, a rigidez orçamentária cresceu em decorrência da ampliação dos direitos sociais e do incremento na parcela dos impostos federais que é repassada a Estados e municípios, ambos determinados pela Constituição de 1988. A partir de meados daquela década, o principal responsável pelo aumento da rigidez orçamentária foi o acúmulo de compromissos financeiros decorrente das medidas adotadas para sustentar a estabilidade monetária em um contexto marcado pela grande vulnerabilidade da economia brasileira a choques externos.

A imperiosa necessidade de garantir o cumprimento dos contratos firmados pelo governo brasileiro com os credores externos e internos fez com que as três esferas de governo pudessem ser responsabilizadas conjunta e solidariamente pelo atendimento de metas de superávits primários do setor público fossem alcançadas.

Daí o aparecimento da Lei Complementar 100, mais conhecida como Lei de Responsabilidade Fiscal, que no seu bojo abrange o Plano Plurianual, a Lei de diretrizes Orçamentárias e a Lei Anual do Orçamento. Isso torna a contabilidade pública uma das mais rígidas e transparentes existentes, o que fez com que a administração pública se tornasse de fato gerencial.

V.3 – O Orçamento e a Qualidade da Gestão Pública

O esforço para obter maior qualidade na gestão orçamentária na administração pública acaba resultando numa maior qualidade na formulação das políticas públicas. Para tanto, é absolutamente indispensável a ampliação do horizonte temporal dessas políticas.

Conforme Dror (1999), a "omissão trágica" no que concerne à capacidade de governar, trata-se, acima de tudo, ao não-exercício pela administração pública de um papel essencial que lhe cabe, qual seja o de nortear as políticas públicas em consonância com as necessidades e interesses maiores

---

22 Confome informe do Banco Central do Brasil contido no site http://www.bcb.gov.br acessado em 01/09/09.

da sociedade, numa perspectiva de longo prazo, significando isto dizer muito além de qualquer calendário eleitoral.

A lógica da atual concepção do modelo de planejamento e orçamento, que busca a integração do Plano Plurianual, da Lei de Diretrizes Orçamentárias e da Lei Anual do Orçamento, depende, para a sua adequada operacionalização, muito mais do que uma sequência clara de procedimentos que conecte a visão estratégica da administração pública e o desenvolvimento de ações para a implementação de ações.

Cavalcanti (2005) afirma que a lógica depende, sobretudo, da adoção de uma linguagem que garanta o relacionamento entre o longo e o curto prazo, de novas atitudes no nível político e de novos sistemas e processos capazes de manter permanente o foco em problemas da sociedade brasileira, e não nas necessidades dos diferentes órgãos que compõem a administração pública.

Os pontos a seguir relacionados podem consistir em referenciais para se aferir a qualidade na formulação e implementação da política orçamentária na administração pública:

* Até que ponto o orçamento público está servindo de orientação aos agentes públicos e privados envolvidos no processo de desenvolvimento econômico e social?
* Serão as intenções e ações da administração pública claramente compreendidas pela população?
* Como conciliar a tendência ao incrementalismo orçamentário com a necessidade de mudanças mais ousadas em determinadas políticas públicas?

Quanto à primeira questão, faz-se necessário salientar que a possibilidade de o orçamento público servir de orientação às decisões e ações tanto dos agentes públicos quanto dos agentes privados diminui à medida que aumentam as incertezas e a instabilidade na dinâmica orçamentária governamental. A redução destas incertezas, as quais levam à adoção do contingenciamento dos créditos orçamentários fixados em lei – mínimo de 25% para gastos com a educação e 15% com a saúde –, requer previsões de caráter plurianual mais seguras. Para tanto, é necessário que a definição de prioridades orçamentárias de cada ano seja orientada por uma ótica mais estratégica, derivada das projeções plurianuais das políticas públicas e, portanto, menos sujeita à consideração de questões fortuitas, que tomam muito tempo e desfocam o debate.

Para tanto, é também importante que o quadro de referência para as decisões orçamentárias anuais se estabeleça com base em um amplo processo participativo envolvendo a sociedade e os agentes públicos. Nesse processo, a explicitação dos propósitos das políticas, de suas dificuldades e limitações, deverá servir de clara sinalização para a implementação das ações, inibindo desvios quanto aos resultados a serem alcançados.

Quanto à segunda questão, a compreensão pela sociedade das intenções e ações da administração pública é outro requisito indispensável para a qualidade do orçamento e da própria gestão pública. Isso significa que o orçamento deve ser, além de abrangente, transparente. Nele devem estar claramente explicitadas as prioridades com relação à aplicação dos recursos extraídos compulsoriamente dos contribuintes por meio de impostos. O conhecimento pleno dessas prioridades tornará possível o controle social sobre as ações dos governantes. Quando o orçamento é hermético e sua leitura não é acessível ao cidadão comum, como se verifica no Brasil, sua utilização como instrumento de controle social torna-se inviável, e sua contribuição para o aperfeiçoamento da democracia é inexistente.

Facilitar a compreensão do orçamento público pela sociedade requer especial atenção a dois aspectos. Primeiro, a utilização de uma linguagem orçamentária e dos meios corretos de divulgação, hoje conhecido como *marketing* público, de forma a possibilitar não somente o entendimento dos propósitos das varias ações contempladas no orçamento e os resultados esperados, mas também o relacionamento dessas ações anuais com os objetivos mais amplos das políticas públicas, numa perspectiva temporal de médio e longo prazos. Essa comunicação deve visar ao esclarecimento da sociedade numa ótica mais abrangente, considerando os diferentes públicos a serem alcançados. Segundo, devem ser identificados os distintos veículos que assegurem a disponibilidade das informações para públicos diversos, o que pode incluir, por exemplo, a venda de uma publicação de baixo custo em bancas de jornais e o acesso a *sites* do governo na internet, hoje conhecido por *e-government*.

v.4 – A GOVERNANÇA E A QUESTÃO DO DESIGN CONSTITUCIONAL

Um forte fator restritivo à adoção de políticas públicas gerenciais e perenes reside na explícita escolha do atual *design* institucional.

Não obstante, a divisão de tarefas entre o Poder Executivo e o Poder Legislativo ser, conforme Monteiro (2005), uma das mais importantes escolhas constitucionais em uma economia, têm sido recorrentes os contenciosos entre os dois poderes. São exemplos atuais:

* a emissão de medidas provisórias. Questão por vezes centralizada em uma Medida Provisória (MP) específica, como ocorreu recentemente com a MP 232[23], de 31 de dezembro de 2004 ou, permanentemente, no uso tão extensivo da autonomia legislativa definida no artigo 62

---

23 Medida Provisória que alterou a legislação tributária federal e aumentou impostos, disponível na integra no site http://www.portaltributario.com.br/legislacao/mp232.htm.

da Constituição Federal[24] e seus condicionamento à feitura de leis, entre outros, a determinação da ordem de prioridades na agenda do Congresso.

* O poder discricionário exercido pelo Executivo nas escolhas orçamentárias. Não bastassem as restrições vigentes na tramitação legislativa da proposta orçamentária da União, cabe ainda ao Executivo expressiva folga no contingenciamento da despesa pública definida na Lei do Orçamento Anual.
* A absorção de representantes eleitos – deputados e senadores – em cargos na burocracia do Executivo, sem a correspondente perda do mandato eletivo. Essa prática é agravada por sua intermitência: o deslocamento do posto eletivo para uma alta gerência do Executivo pode seguir-se de um retorno passageiro à posição legislativa, para votar proposituras do Executivo, e de um novo retorno à burocracia, sem restrição à duração de tempo ou número de vezes desse trânsito.

Tais problemas podem ser tratados isoladamente, dentro dos estreitos limites de seus impactos sobre a capacidade do governo de operar as políticas públicas.

No entanto, conforme Tsebelis (2002), será mais prudente seguir por outra vertente e enquadrar as disfunções acima apontadas como problemas de *design* constitucional ou, mais especificamente, situá-las na *teoria de pontos de veto* nas escolhas públicas.

Pelo sistema constitucional de separação de poderes, um ponto de veto é uma instância decisória cuja concordância é necessária para que uma política seja implementada ou alterada. A operação desse sistema traduz a arquitetura constitucional para que uma decisão política pública seja estabelecida: em termos simplificados, esse sistema funciona como pontos de veto localizados nos poderes de propor e de veto *ex post* do Presidente da República, e em decisões majoritárias obtidas na Câmara e no Senado. Assim, pontos de veto refletem a forma de operar as instituições políticas.

Os pontos anteriormente citados localizam tais pontos de veto, tanto quanto qualificam sua ocorrência. Por exemplo, o trânsito parlamentar entre posições executivas e legislativas descaracteriza a separação de poderes estabelecida na Constituição Federal vigente, fazendo com que, de forma menos transparente, se reduza o número de pontos formais de veto.

De acordo com Andrews & Montinola (2004), duas relevantes decorrências dessa perspectiva de análise são corroboradas por evidencias empíricas:

---

24 Art. 62 – Em caso de relevância e urgência, o Presidente da República poderá adotar medidas provisórias, com força de lei, devendo submetê-las de imediato ao Congresso Nacional, que, estando em recesso, será convocado extraordinariamente para se reunir no prazo de cinco dias.
Parágrafo único – As medidas provisórias perderão a eficácia, desde a edição, se não forem convertidas em lei no prazo de trinta dias, a partir da sua publicação, devendo o Congresso Nacional disciplinar as relações jurídicas delas decorrentes.

* Um maior número de pontos de veto nas escolhas públicas não implica necessariamente maior observância das regras do jogo, portanto, inibindo comportamentos lesivos ao interesse geral. No caso, seria bastante para viciar o sistema decisório atuar sobre as instâncias mais frágeis da sequência de pontos de veto, de modo a promover a aprovação de legislação clientelista, tanto quanto bloquear a legislação que iniba o comportamento corrupto dos agentes públicos.
* Quanto maior o número de pontos de veto, menor a capacidade da administração pública em promover mudanças nas políticas públicas, ou seja, mais restrições devem ser observadas para que se venha a implementar políticas duradouras.

Tal propriedade pode ser benéfica em dois sentidos antagônicos: primeiro, na extensão em que uma redefinição do sistema de separação de poderes que diminua o número de pontos de veto possa viabilizar a implementação de políticas de maior interesse coletivo e, segundo, quando o alongamento da sequência de pontos de veto possa atuar como barreira à ação de grupos de interesses preferenciais.

Consubstancie-se o até aqui descrito com o notável episódio da aprovação da Lei 11.079, de 30 de dezembro de 2004, que define a política de parcerias público-privadas. Num período pouco superior a 12 meses, a complexa sequência percorrida por essa política pública envolveu a apresentação de um projeto de lei ao Congresso, sua passagem na Câmara, outro circuito mais longo no Senado e, por fim, sua aprovação com vetos parciais do Presidente da República[25].

Tivessem sido em menor número os pontos de veto nessa sequência, possivelmente uma legislação de menor qualidade teria sido adotada, enquanto o atendimento a demandas preferenciais dos principais grupos industriais e do mercado financeiro teria sido facilitado.

De todo modo, o ambiente constitucional em que opera a economia brasileira é perverso, uma vez que mesmo políticas da amplitude de reformas (a tributária, a política, a trabalhista como exemplos) vão sendo propostas e decididas, ainda que uma parte fundamental do *design* constitucional – o sistema de separação dos poderes – seja mantida com uma configuração ambígua. Igualmente, como já mencionado, as escolhas orçamentárias públicas – parte objetiva da percepção do cidadão quanto aos rumos e ao custo do governo – ocorrem da melhor conveniência dos interesses da alta gerência econômica do Executivo.

---

25 Nota do Autor: Não obstante a intensa atividade de lobbying de grupos como a Associação Brasileira da Indústrias de Máquinas e Equipamentos – Abimaq, a Associação Brasileira da Infraestrutura e Indústrias de Base – Abdib, o Sindicato Nacional da Indústria de Construção Pesada – Sinicon e a Associação Brasileira das Entidades Fechadas de Previdência Complementar – Abrapp, a legislação aprovada mostra notáveis melhorias quando comparada ao projeto original (Projeto de Lei 2.546, de 10/11/2003), assim como incorpora mecanismos que foram construídos a partir da argumentação transparente e que refletem o atendimento a critérios de interesse geral.

Por outro lado, o desenrolar de fatos recentes na área tributária federal pode sugerir que está em andamento uma revolta de contribuintes, a qual encontra obstáculos grandiosos para o seu sucesso.

Não se deve esperar uma resoluta e consensual participação dos legisladores, pois todas as vezes que alguma tentativa de redução na carga tributária entra em ação, o Executivo, acenando com regalias ao Legislativo, faz com que uma nova recomposição de apoio Legislativo ao Executivo seja montada.

Os próprios segmentos privados que lideram movimentos voltados para a redução efetiva da carga tributária acabam entendendo que grande parcela da alta carga tributária advém de concessões fiscais obtidas, sob as mais diversas justificativas, com a atuação decisiva de interesses desses mesmos grupos.

Além disso, normalmente é confundido aumento de impostos com a sua própria instrumentação legal, com a emissão de Medidas Provisórias.

Desse modo, retorna ao centro de atenções a capacidade do Executivo de produzir leis sob a forma de Medida Provisória, tema da maior recorrência na trajetória da economia nacional, como mostra a tabela a seguir.

Conforme Monteiro (2005), a consolidação da democracia representativa tem sido associada ao formato institucional das escolhas públicas, sendo que sob este último aspecto ressalta a participação do Executivo no jogo de política econômica. Porém, são poucos os regimes presidencialistas em que o Poder Legislativo atribuído ao Presidente da República apresente a configuração tão *sui generis* do caso brasileiro, na qual a separação de poderes aparece virtualmente desativada.

Um indicador quantitativo do impacto da emissão de Medidas Provisórias na separação de poderes é mostrado na tabela 5.1 a seguir. Nela é computada a parcela não-autônoma de leis produzidas pelo Congresso, ou seja, a relação média entre a produção de leis (L^*) que tem as sua origem em Medidas Provisórias (leis de conversão) e a produção total de leis (L) aprovadas no Congresso. Num ambiente institucional em que o Presidente da República detém um substancial poder de legislar, esse é um indicador simples de autonomia do Congresso.

TABELA 5.1 – Autonomia da Decisão Legislativa do Congresso Nacional – 1999-2009

Valor médio de L*/L	1999-2000	2001-2002	2002-2003	2003-2006	2006-2009
	0,81	0,73	0,61	0,81	0,88

Fonte: http://www.camara.gov.br

O período acima considerado mostra, em termos puramente quantitativos, um real decréscimo de autonomia legislativa do Congresso, ou seja, está havendo a "ditadura do executivo sobre o legislativo".

Outro ponto que deve ser ressaltado é a força dos interesses preferenciais (Associações de Classe do tipo CNI- Confederação Nacional das Indústrias, Fiesp, Secovi, Sinduscon, entre outras). Numa economia em que são praticamente nulas as regras que disciplinam a ação desses interesses corporativos, essa força é bastante preocupante, condicionando, como afirma McChesney, o próprio processo de democracia, podendo chegar à questão economicamente relevante da extorsão política.

Considerações Finais

Várias tentativas foram encetadas para que houvesse a introdução no Brasil da Administração Gerencial, substituindo a Patrimonialista e a Burocrática, através de reformas administrativas de caráter burocrático, mas as sombras impedem que novas luzes possam brilhar, ainda que tênues e existentes.

A burocracia é certamente compatível com a democracia, mas também com o autoritarismo político. A partir de meados dos anos 70, o paradigma do desenvolvimento e o paradigma da burocracia entraram em rota de colisão. Com isso, redescobriu-se a importância da política e das políticas públicas. O capital social e a cultura cívica foram entendidos como determinantes do quadro de incentivos e restrições da eficiência da administração pública.

A mudança de paradigma voltada para a profissionalização, para a eficiência e para a criatividade na administração pública vive um processo sem precedentes na história mundial. Mas no mundo latino-americano cria-se uma falsa oposição na transição da administração burocrática para a gerencial, o que atrasa sensivelmente o processo de modernização da máquina da administração pública, propiciando com isto inúmeros e infindáveis casos de corrupção. Isso faz com que nos preocupemos não em buscar o melhor governo, mas sim o melhor sistema de governança pública.

Politicamente, trava-se, em toda a América Latina, um vasto e rico debate sobre a institucionalidade mais conveniente para se atingir a melhor governança, o que viria a consolidar a democracia. A consideração de que em 200 anos aprendemos muito pouco e avançamos menos ainda na direção de melhores instituições governamentais é muito importante e indispensável para o despertar de que somente conseguiremos melhor governança com a melhor qualidade de voto, e para isto ser possível, os investimentos em educação deverão ser os maiores e os mais qualitativos dos envolvidos nos orçamentos públicos.

O principal papel das políticas públicas, caso se buscar profissionalização, eficiência e criatividade, é o de transcender as noções convencionais de eficiência e eficácia, mas concentrar-se na capacidade de fazer com que o futuro tome o rumo desejado. Para tanto, devemos atuar no presente de forma assertiva, preparando adequadamente os novos líderes da administração pública; isso deve envolver:

- a inserção nas políticas públicas focadas numa estratégia nacional de superação das falhas de desenvolvimento, criando um vínculo realista entre as políticas de longo prazo e as decisões imediatas; para tanto é necessária a humildade de se conhecer com profundidade os processos históricos que geraram o auge e a decadência das nações;

- as políticas públicas devem dar prioridade às questões básicas, educação, trabalho e saúde; devem incluir a criatividade no planejamento considerando que presente e futuro estão intimamente ligados;

- as políticas públicas devem ser inspiradoras de moralidade e de afirmação de valores, com a finalidade de incrementarem o nível de compromisso e de cultura cívica;

- a formulação de políticas públicas, sobretudo em países envolvidos em grandes transformações, como é o caso brasileiro, deve ter como prioritário objetivo as instituições e sua evolução, inclusive as estruturas, os processos, o pessoal, os sistemas de incentivos, o meio cultural, etc., ou seja, devem ser de caráter local. Nesse caso, o direito reveste-se de particular importância, dada sua dupla função de elemento normativo das políticas e de principal instrumento dessas políticas;

- sendo a criatividade um processo difuso e não próprio da atmosfera governamental, o êxito da formulação de políticas públicas depende em grande parte da participação de toda a sociedade, para atender não só a uma questão moral, mas com uma necessidade funcional;

- em ambientes conturbados, como o vivenciado pelo momento atual, a formulação de políticas públicas deve estar voltada para a gestão de crises. As crises são oportunidades de se por em prática aquilo que, em circunstâncias normais, seria impossível.

Todas as reflexões aqui contidas não terão possibilidade de obter resultados exitosos e duradouros caso não houver o aprendizado constante, e isso será somente conseguido através da formulação de políticas educacionais que possam receber verbas além das limitadas nos orçamentos, ou que os administradores públicos se empenhem em utilizar verbas para a educação, não as mínimas estabelecidas pela Lei de Responsabilidade Fiscal, mas as máximas possíveis (a lei não determina teto) determinadas pela Responsabilidade Social para com o Brasil.

A inserção do gestor público na ação é outra questão muito importante a ser explorada. Seu caráter é, em muitos sentidos conservador, embora potencialmente transformador, em termos incrementais e nos limites da manutenção da ordem, da estabilidade e do equilíbrio sistêmico. Nesse sentido, na tentativa de equalizar disfunções estruturais de origem social, institucional ou administrativa, os administradores públicos estão atuando no limite de suas possibilidades, e explorando os possíveis graus de liberdade de sua cidadania. Em contraste, os arremedos de administradores, tementes a qualquer espécie de risco, a começar pela sua mera aparência na ação, tentam impingir, burocraticamente, normas, estruturas e procedimentos à realidade dos fatos, ou, inversamente, manipulam informações sobre realidades, no sentido de ajustá-las às formalidades, para que delas possam dar conta a si próprios, aos seus superiores, e aos órgãos de regulação.

Em geral, com o temor de se ver enredado em processos infinitos e teias complexas e envolventes de relações, sob o véu do anonimato e sujeito às vicissitudes da irreversibilidade de seus atos e à incerteza das consequências dos mesmos, o homem vê menos liberdade justamente no gozo daquelas capacidades cuja essência é precisamente a liberdade, e naquela esfera que deve sua existência única e exclusivamente ao homem, a esfera da ação. Em função disso, muitos se negam a se entregar à ação, não sendo poucos os administradores públicos que dela se retiram. Nesse sentido, na concepção grega do herói, apresentar-se, por si só, já constitui um gesto de heroísmo, independentemente de atos específicos e suas consequências. Pois se engajar no processo é a expressão maior de liberdade, intrinsecamente humana. Essa é a condição básica que precede a gerência criativa, eficiente e justa, que requer mais do conhecimentos e habilidades, mas de atitudes que possam gerar inovações e resultados para a melhoria da qualidade de vida do cidadão.

Observa-se que tem sido uma prática comum dos governantes brasileiros, mais fortemente nas últimas duas décadas, adotar inúmeras medidas pontuais na busca de melhorar o desempenho do governo e da administração pública no País. No entanto, o ritmo das mudanças externas exige que as mudanças sejam mais profundas e rápidas tanto no âmbito federal, como no estadual e, principalmente, no municipal que é onde tudo acontece. Nesse sentido, os esforços para reduzir a desigualdade entre os municípios, promovendo o desenvolvimento socioeconômico sustentável, passou a ser um dos principais desafios a ser enfrentado pelo administrador do século XXI.

É totalmente perceptível, por outro lado, que os administradores públicos brasileiros, no mesmo espaço temporal acima, não tenham se preocupado em modernizar de forma adequada à administração pública brasileira, pela incapacidade desses gestores de compreenderem a dimensão e extensão dos impactos provocados pelas mudanças de paradigmas tecnológicos, econômicos, sociais, culturais e ambientais da atualidade.

No esforço de construírem uma base parlamentar de apoio, os governantes promovem uma forte politização da administração direta e indireta, comprometendo a continuidade de projetos e de políticas públicas, sem considerar as raras estruturas de plano de carreira existentes, prejudicando em muito o desempenho governamental, criando eles mesmos óbices intransponíveis para avançar adequadamente em diversos projetos e ações prioritárias para o desenvolvimento econômico sustentável.

A ação empreendedora indispensável aos gestores públicos é a de estimular os administradores públicos pela força das histórias de vida gerencial daqueles que perderam o anonimato e ganharam respeito de outros; estimular para ajudá-los a ver sentido e significado em coisas da administração pública, em que tudo, à primeira vista, parece insensatez e corrupção; estimulá-los para que sejam proativos, criativos, eficientes, pacientes, perseverantes na vivência dos processos, e por eles tomem gosto, para que sonhos, objetivos e resultados possam ganhar alguma forma e fazer alguma diferença.

Bibliografia

ABRUCIO, Fernando Luiz. O impacto do Modelo Gerencial na Administração Pública. Brasília: Cadernos Enap, 1997

ALMEIDA, Fernando. Os Desafios da Sustentabilidade – Uma Ruptura Urgente. Rio de Janeiro, Campus, 2007

ALVES, Luiz Roberto & CARVALHO, Marcelo (Orgs). Cidades - Identidade e Gestão, São Paulo, Saraiva, 2009

AMARAL FILHO, Jair do Desenvolvimento Regional Endógeno em um Ambiente Federalista – Revista Planejamento e Políticas Públicas, Brasília, 1996.

ANDREWS, J & MONTINOLA, G. Veto Players and The Rule of Law in the Emerging Democracies. Comparative Political Studies. Princeton, Princeton University Press, 2004.

ARANTES, O.; VAINER, C.; MARICATO, E. A Cidade do Pensamento Único, Petrópolis, Vozes, 2000.

BAVA, Silvio Cássia. O que é Formação para a Cidadania – São Paulo, Polis, 2000.

BOISIER, Sérgio. Em Busca do Esquivo Desenvolvimento Regional, Revista de Planejamento e Políticas Públicas, Brasília, Ipea, 1996

BOUDON, Raymond & BOURRICAUD, François. Dicionário Crítico de Sociologia, São Paulo, Ática, 2000.

BRESSER PEREIRA, Luiz Carlos & SPINK, Peter. Reforma do Estado e Administração Pública Gerencial – Rio de Janeiro, FGV Editora, 2003.

CÂMADA FEDERAL -. Responsabilidade na Gestão Pública- Os Desafios dos Municípios, Brasília, 2008

CANCILINI, N.G.Consumidores e Cidadãos: conflitos multiculturais da globalização, Rio de Janeiro, Editora UFRJ, 1996.

CASTRO, Domingos Poubel de .Auditoria e Controle Interno na Administração Pública, São Paulo, Atlas, 2008

CARBAUGH, Robert J. Economia Internacional, São Paulo, Thomson, 2004.

CAVALCANTI, Bianor Scelza. O Gerente Equalizador, Estratégias de gestão no setor público – São Paulo, Editora FGV, 2005.

CAVALCANTI, Bianor Scelza et al. Desenvolvimento e construção nacional: políticas públicas. São Paulo, Editora FGV, 2005.

CHALITA, Gabriel. Ética dos Governantes e dos Governados, São Paulo, Max Limonad, 1999.

CONSTITUTIÇAO FEDERAL. Ministério da Justiça do Brasil. 1998

DAGNINO, Renato et alii. Tecnologia Social: uma estratégia para o desenvolvimento, Rio de Janeiro, Fundação Banco do Brasil, 2004.

DEMING, William Edwards. Some Theory of Sampling, Dover Sciences, 1986.

DOWBOR, Ladislau . Altos juros e descapitalização da economia, disponível em www.dowbor.org e acessado em 31/05/2005.

DROR, Y. A Capacidade para Governar. Informe ao Clube de Roma. São Paulo, Fundap, 1999.

DUMONT, Danilo Mozeli et ali, Inteligência Pública na Era do Conhecimento, São Paulo, Revan, 2006.

FAORO, Raymundo, Os Donos do Poder, Porto Alegre, Globo, 1984.

FAUSTO, Boris. História do Brasil – São Paulo, Edusp, 1994.

FERRER, Florencia & LIMA, Cristian. Gestão Pública Eficiente, Rio de Janeiro , Campus, 2007 3ª. Ed.

FUNDAÇÃO Pedroso Horta. Cadernos de Gestão Pública, Fundação Pedroso Horta, 1999.

GIAMBIAGI, Fabio et AL (org). Reformas no Brasil: Balanço e Agenda. Rio de Janeiro, Nova Fronteira, 2004

GÜELL, José Miguel Fernández. Planificación Estratégica de Ciudades, Barcelona, Editorial Gustavo Gili, 1997.

HARGER, Marcelo, Reflexões Iniciais sobre o Princípio da Eficiência, Boletim de Direito Administrativo, Dezembro de 1999.

HOLANDA, Sérgio Buarque de. Raízes do Brasil, São Paulo, Companhia das Letras, 3ª. Edição 1997.

IBGE. Perfil dos Municípios Brasileiros, 2006.

JAMUR, Marilena. Reflexões sobre uma Esfera Construída e Coflitual: O Social em Questão, PUC-Rio, 1997

KOTLER, Philip et al. Marketing Público, São Paulo, Makron Books, 1994.

LENZI, Fernando César & KIESEL, Marco Daniel. O Empreendedor de Visão. São Paulo, Atlas, 2009

LIJPHART, Arend. Modelos de Democracia, Rio de Janeiro, Civilização Brasileira, 2003.

LINS, João & MIRON, Paulo. Gestão Pública- Melhores Práticas, São Paulo, Quartier Latin, 2009

LONGO, Francisco. Mérito e Flexibilidade – A Gestão de Pessoas no Setor Público, São Paulo, Fundap, 2007

McCHESNEY, F. Money for nothing: politicians, rent extraction, and political extortion. Cambridge, Harvard University Press, 1997.

MAQUIAVEL, Nicolau. O Príncipe, São Paulo, Nova Cultural, 1991.

MARTINS, Paulo Emílio Matos & PIERANTI, Octavio Penna. Estado e Gestão Pública – Visões do Brasil Contemporâneo, São Paulo, FGV Editora, 2009.

MATIAS-PEREIRA, José. Manual de Gestão Pública Contemporânea, São Paulo, Atlas, 2009

MATIAS-PEREIRA, José. Manual de. Curso de Administração Pública, São Paulo, Atlas, 2008

MATUS, Carlos. Política, planejamento e governo, Brasília, IPEAS, 1993

MEIRELLES, Hely Lopes. Direito Administrativo Brasileiro. São Paulo: Malheiros, 1998.

MIRSHAWKA, Victor & MIRSHAWKA, Victor Jr Gestão Criativa. São Paulo, DVS, 2004

MONTEIRO, Jorge Vianna. Contenciosos constitucionais & indução eleitoral. Revista de Administração Pública, mar/abr, FGV, 2005

MORAES, Alexandre de: DIREITO CONSTITUCIONAL. 6ª ed., São Paulo, Atlas, 1999.

NABUCO, Joaquim. Um Estadista do Império, São Paulo, Topbooks, 5ª. Edição, 1997.

OLIVEIRA, F[atima Bayma de (Org) – Política de Gestão Pública Integrada, Rio de Janeiro, FGV Editora, 2008

OLSON, M. Dictatorship, Democracy and Development, American Political Science Review, 1993.

OSBORNE, David & GAEBLER, Ted. Reinventando o Governo, Brasília, MH Comunicação, 1995.

OSTROM, E. et al. Institucional Incentives and Sustainable Development, Oxford, Watview Press, 1993.

PAES DE PAULO, Ana Paula. Por Uma Nova Gestão Pública. São Paulo, Editora FGV, 2005

PAULA, Ana Paula Paes de. Por uma Nova Gestão Pública, Rio de Janeiro, FGV Editora, 2009

PEREIRA, ADAILTON VIEIRA. EXPERIÊNCIAS INOVADORAS DO ESTADO DE MINAS GERAIS, 1° FÓRUM NACIONAL DO SISTEMA DE SERVIÇOS GERAIS, BRASÍLIA, 2002

PEIXOTO, JOÃO PAULO M. (ORG) – GOVERNANDO DO GOVERNO. SÃO PAULO, ATLAS, 2008

PIETRO, MARIA SYLVIA ZANELLA DI. DIREITO ADMINISTRATIVO. SÃO PAULO: ATLAS, 1999.

PINSKY, JAIME (ORG) . PRÁTICAS DE CIDADANIA. SÃO PAULO, CONTEXTO, 2004

PORTER, MICHAEL E. COMPETIÇÃO- ESTRATÉGIAS COMPETITIVAS ESSENCIAIS. SÃO PAULO: CAMPUS, 3ª. ED. 2002

REGO, ANTONIO CARLOS POJO DO ET AL. GOVERNANDO O GOVERNO – MODERNIZAÇÃO DA ADMINISTRAÇÃO PÚBLICA NO BRASIL, SÃO PAULO, ATLAS, 2008.

REZENDE, FERNANDO & CUNHA, ARMANDO. CONTRIBUINTES E CIDADÃOS, RIO DE JANEIRO, FGV, 2002.

ROUSSEAU, JEAN-JACQUES (TRADUÇÃO ANTÔNIO DE PÁDUA DANESI): O CONTRATO SOCIAL. 3ª ED. - SÃO PAULO: MARTINS FONTES, 1996.

ROHR, JOHN ANTHONY. ETHICS FOR BUREAUCRATS: NA ESSAY ON LAW AND VALUES., NEW YORK, MARCEL DEKKER, 1978

SACHS, IGNACY. DESENVOLVIMENTO INCLUDENTE, SUSTENTÁVEL E SUSTENTADO – RIO DE JANEIRO, GARAMOND UNIVERSITÁRIA, 2004

SÁNCHEZ, FERNANDA. A REINVENÇÃO DAS CIDADES, CHAPECÓ, ARGOS, 2003

SEN, AMARTYA. DESENVOLVIMENTO COMO LIBERDADE. SÃO PAULO, COMPANHIA DAS LETRAS, 2000.

SLOMSKI, VALMOR ET AL. GOVERNANÇA CORPORATIVA E GOVERNANÇA NA GESTÃO PÚBLICA, SÃO PAULO, ATLAS, 2007

SOARES, JOSÉ DE RIBAMAR BARREIROS. O CONTROLE JUDICIAL DO MÉRITO ADMINISTRATIVO. BRASÍLIA: BRASÍLIA JURÍDICA, 1999.

SENGE, PETER M ET AL. ADMINISTRAÇÃO NO SÉCULO XXI, SÃO PAULO, MAKRON BOOKS, 2002.

SUNDFELD, CARLOS ARI. FUNDAMENTOS DE DIREITO PÚBLICO, 3ª ED., SÃO PAULO, MALHEIROS, 1997,

TÁMEZ, CARLOS ANDRÉ SILVA & PRADO, LEANDRO CADENAS. ÉTICA NA ADMINISTRAÇÃO PÚBLICA. RIO DE JANEIRO, CAMPUS, 2005.

THE WORLD BANK. WORLD DEVELOPMENT INDICATORS 2003. WASHINGTON, DC, THE WORLD BANK, 2003.

TSEBELIS, G. VETO PLAYERS: HOW POLITICAL INSTITUTIONS WORK. PRINCETON, PRINCETON UNIVERSITY PRESS, 2002.

UNITED NATIONS EDUCATED, SCIENTIFIC AND CULTURAL ORAGANIZATION- UNESCO. WORLD INFORMATION REPROT 1995, PARIS, UNESCO, 1995.

VILHENA, RENATA. GOVERNO ELETRÔNICO: TRANSPARÊNCIA E INTERFACE COM O CIDADÃO, BRASÍLIA, MINISTÉRIO DO PLANEJAMENTO, 2002.

WEBER, MAX. ECONOMY AND SOCIETY, NEW YORK, BEDMINSTER, 1968.

www.dvseditora.com.br